Hilda-Maria Lander / Maria-Regina Zohner

Geschmack an Erde und Himmel

Hildegard von Bingen – Ein Zugang durch Tanz und QiGong

Matthias-Grünewald-Verlag · Mainz

Der Matthias-Grünewald-Verlag ist Mitglied
der Verlagsgruppe engagement

Die Deutsche Bibliothek – CIP-Einheitsaufnahme

Lander, Hilda-Maria:
Geschmack an Erde und Himmel : Hildegard von Bingen – Ein Zugang durch Tanz und QiGong / Hilda-Maria Lander/Maria-Regina Zohner. – Mainz : Matthias-Grünewald-Verl., 1998
(Edition Psychologie und Pädagogik)
ISBN 3-7867-2101-7

Umschlag: Harun Kloppe, Mainz
Satz/DTP: Manfred Werkmeister, Mainz
Notensatz: Gottfried Wagner, Schemmerhofen
Druck und Bindung: Pustet, Regensburg
ISBN 3-7867-2101-7

Inhalt

I. Sinn eingeästet in unsere Sinne
– gold-grüner Faden zur Weg-Markierung

Der Mensch ist „eingeästet in die Schöpfung wie die Zweige in den Baum, und umgekehrt ist er selbst bis in die feinsten Gliederungen seines Leibes Inbild der gesamten Kreatur." (Bonn in Konermann, S. 8)

„Der Raum zwischen Himmel und Erde
gleicht einem Blasebalg, leer in der Fülle.
Je mehr ihm entnommen wird,
desto unerschöpflicher gibt er sich aus.

Volle Worte verlieren schnell an Gewicht.
Mächtig aber sind sie im Schweigen."
(Lao Tse, 5. Spruch, in Schnetz, S. 16)

„Wenn unsere Worte gelesen
aufgelesen,
bitten wir sie
ins Schweigen
in vibrierende Stille
der Farben, Bewegungen, Bilder
Seelen-Auge"
(Hilda-Maria Lander, 17.9.1997)

Spuren im Lebens-Weg Hildegards von Bingen – Fest-Tag am 17. September – ertasten, ersinnen, erschauen, bewegen, uns anrühren lassen, verweilen, weitergehen, uns orten. Visionäre Bewegungen, schärfende Sichtweisen, kosmische Ur-Sprünge, diskretes Maß, schmeckende Weisheit, die Kunde vom Heil, Schöpfung als Segen – es ist

Wort • Ant-Wort • Ver-Antwort-ung

Den Weg-Stationen der Hildegard von Bingen nachgehen, nachsinnen, mit allen Sinnen, für alle Sinne, mit Sinn. Der Weg in der Be*weg*ung ist unser Leitmotiv. Wege und Bewegungen einer Frau, die *ihren* Weg gegangen ist, ein Weg des Herzens, verströmend in Freude, seufzend im Leid, geschärft im Denken, jubelnd in der Liebe, eingewoben im grandiosen Kosmos-Denken.

1. Geschmack an Erde und Himmel
– mit Hildegard von Bingen Weisheit erahnen, ihren Weg nachtasten

Sapientia, sapere (lat.) als eine der fülligen Bezeichnungen für Weisheit meint schmecken, spüren, erkennen, wissen. Geschmack bekommen, genüßlich „sapern", Schönheit spüren, Schöpfung erkunden und Weisheit als duftende Ordnung riechen, (nach Schipperges 1997, S. 45) aufnehmen.
Einige dieser Bogenlinien wollen wir zeichnen, nach-zeichnen: Leben und Werk, Visionen und Heilkunde, Schreiben und Beten – eine Fülle in Hildegards Leben, aus der wir auswählen.
„Für Hildegard von Bingen hat alles Geschaffene, ungeachtet seiner Vorläufigkeit ebenso menschliche wie religiöse Bedeutung" (Biser, in Hildegard von Bingen 1997, S. 47). Beides sehen wir miteinander verflochten. Die Begriffe Makro- und Mikrokosmos deuten es an: „... der Mensch ist der individuelle Abriß des Universums und dieses die in kosmisch geweitete Großgestalt des Menschen" (Biser, S. 47). Der Mensch hängt im Netz der Welt und gleichzeitig hat er es selbstverantwortlich in der Hand (s. auch Kap. III, 3). Die Verantwortlichkeit des Menschen ist für Hildegard von Bingen besonders wichtig. Kreativität, Bewußtsein, Glück sind (nach Biser, S. 48, 54, 55) neue Lebensentwürfe und nicht Glauben als die Erfüllung einer Schuldigkeit und Pflicht.
Hildegard soll von ihren Werken und Schriften her entschlüsselt, aber auch neu buchstabiert werden mit den Fragen: Was könnte sie gemeint haben, damals, was ist für uns heute bedeutungsvoll (s. auch Gössmann in Hildegard von Bingen, 1997, S. 179 ff). Sicher gibt Hildegard auch Weg-Weisungen, mehr jedoch weist sie darauf hin, wer wir sind.
Kosmos, Kosmologie ist ein zentraler Begriff bei Hildegard von Bingen „Kosmologie ist hier in keiner Weise die Beschreibung eines Weltsystems, sondern eine Weltenschau, ein geistiger Anspruch, eine universelle Verantwortung" (Schipperges in Führkötter 1987, S. 7). „Natur und Kultur werden als zusammengehörig erlebt" (Kather in Hildegard von Bingen 1997, S. 199). Kosmos kann auch als ein System von Verhaltensweisen aufgefaßt werden, die sowohl Geist und Materie umfassen (frei nach Malek 1996, S. 40). „Welt bedeutet für Hildegard eine durchstrukturierte Ordnung, ein harmonisch durchgestimmtes Entsprechungssystem, ein in sich geschlossenes Ganzes: Kosmos... Gottes Offenbarung in der Schöpfung kann nur den einen Sinn haben, daß ein erkennendes Geschöpf ihn anschaut" (Schipperges in Führkötter 1988, S. 7): der Mensch.
Rückkehr zum Ursprung, zur Quelle entspringt einer tiefen Sehnsucht nach Heil und Heilung. Die Rückbindung, Rückkehr ist kein Rückzug,

sondern orientiert sich am *Wiederanschluß* an der kosmischen Energie, an Viriditas. Es ist Entfaltung und Einkehr zugleich. – „Und er lädt uns ein, zurückzukehren - in den Grund, in den Boden, in den Strom und in die Quelle der ‚Gottheit'. Wenn wir ihm darin folgen, dann erhalten wir lebendige Energie für unsere Arbeit..." (Fox 1976, S. 88).
Einige Quell-Gründe Hildegards haben wir erschlossen durch Wort, Bild, Musik, Meditation und Bewegung mit Tanz und QiGong. Diese Kombination ist neu: ein Dialog zwischen Kulturen und Religionen, inhaltlich und methodisch. Wir sehen Hildegard im Lidschlag lächeln.

2. Weisheit des Leibes
– wir haben eingeladen Tanz, QiGong, Gebärden, Bild und Meditation

Stehen wie ein Berg,
beweglich wie ein Wind
– *aus der QiGong-Tradition*

Hildegard von Bingen sinnenhaft erfahren, entdecken, heraus-gestalten, heilsam transzendieren – diese Tugend der Weisheit, der Schönheit, der Kreativität wollen wir erblühen lassen.
Sich ansprechen lassen durch Worte, Wortgebilde, ist das eine Erkennungs-Mittel, sich bewegen lassen durch Bild, Tanz, QiGong, Gebärden, Musik sind andere, weit gespannte Sinnen-Tore. Unübersichtlich viel hat Hildegard von Bingen „geschaffen", aber Bewegung und Tanz fehlen. Wir nehmen es als Ruf, als Auftrag, ergänzend Bewegung dazuzunehmen.
Es gibt keine Hildegard-Tänze, in ihren Schriften sind keine Tänze beschrieben, zumindest konnten wir keine entdecken. Es gibt kein QiGong, das in Hildegards Klöstern geübt worden wäre im Sinne der Meditation, obwohl wir es uns hätten vorstellen können. Die Leib-Orientierung, Leib-Freundlichkeit bei Hildegard, den Leib als Tempel Gottes sehend, unterstützen wir, konkret mit unseren bewegenden Lebensmustern. Tanz, QiGong sind erdorientiert und – ähnlich wie Musik – transzendierend, über uns hinausweisend. Die Körpersprache, Bewegungssprache, der Bewegungsleib sagt, erlebt etwas, was über die Wortsprache nicht erreichbar ist.
Zu Lebenspunkten und Sichtweisen von Hildegard haben wir *Tänze neu entwickelt,* haben aus der traditionsreichen QiGong-Heilpraxis Übungen ausgesucht, teilweise umgestaltet und aus beiden Gebärden wachsen lassen.
Diese Bewegungen

- sollen Hildegard von Bingen mit allen Sinnen erfahren lassen, uns innerlich anrühren, bewegen, vertiefen:

- sollen größere Zusammenhänge, das Beziehungsgeflecht zwischen Natur, Kultur und Mensch hereinholen und ausstreuen, z.B. in QiGong-Bewegungen wie „von Horizont zu Horizont“ oder „Sonne und Mond tragen“ (s. Kap. III), oder im Tanz „Creatura“ (Kap. III, 4.4);
- sollen als Vollzug der Inhalte sein, sie gestalten;
- sollen die Schönheit des Kosmos erspüren, eine Schönheit, die auch die Bewegungen durchwirkt. Innige und schöne Bewegungen haben wir tief erfahren bei (körper)behinderten Menschen, deren Innenbewegung nach außen strahlte, die die Mühseligkeit und vielleicht Holprigkeit äußerer Bewegungen mit ihrem Herzen beseelten;
- sollen die ihnen innewohnenden Erkenntnis- und Heilungskräfte aufschließen;
- All unsere Segensgebärden haben wir in vertiefter Weise in QiGong-Formen entdeckt, neu geschenkt bekommen. Vielleicht hat QiGong alte Segensgebärden wie Schätze aufbewahrt, vielleicht für uns.
- Die entwickelten Tänze und ausgewählten QiGong-Formen sind immer mit einer inneren geistigen Vorstellung verbunden – es ist kein geistloses Dahinbewegen. Die Imagination, die geistige Vorstellungskraft ist grundlegend wichtig.
- Bewegung wiederholen, immer und immer wieder, entsprechend dem Rosenkranzbeten, der Perlenreihung alter tibetischer Gebetsketten, den Litanei-Rufen. Im Gehen ergehen, im Bewegen sich bewegen lassen.
- Mit diesem Bewegungs-Dialog wollen wir mithelfen, Kulturen und Religionen zu versöhnen, Feind-Bilder aus ihrer Verachtung lösen.
- Was für Musik gilt, können wir ebenso auf Bewegung, Tanz, QiGong übertragen (s. Schipperges 1997, S. 63). Der unhörbaren Musik in den Bewegungen der Himmelskörper und aus unserer Sicht der menschlichen Bewegungen entspricht auch die Harmonie der leibseelischen Proportionen. Wir verweisen auf den Goldenen Schnitt im „rechten Maß“ (s. Kap. III, 5).
- Zentral-umkreisend ist das Visions-Bild „Kosmos-Mensch“ (Pkt. III, 2.2); durch äußere Bilder, Bildschichten können wir innere Bilder aufscheinen lassen, ganz persönlich und ganz weltorientiert. Wir können uns darin wiederfinden oder uns im Widerspruch versammeln, uns in der Gebrochenheit und im aufrechten Gang ein-bilden, ausprobieren.
- Wir haben Ähnlichkeiten entdeckt zwischen Viriditas, der Grünkraft bei Hildegard von Bingen und dem chinesischen Qi, der Lebens-Energie. Sie sind nicht gleich, haben jedoch ähnliche Wurzeln im kosmischen Ansatz, in der Sicht vom Menschen. Ihre unterschiedlichen Religionswurzeln können gegenseitigen Respekt fördern und ihr ähnlicher Ur-Grund und ihre Ur-Sprungs-Sehnsüchte können sich verdichten, dramatisieren im Dialog.

- Qi und QiGong ist keine technische Heilbewegung, übernommen aus der fernöstlichen Heilungstradition, sondern unabdingbar verbunden mit der Lebens-Kosmos-Sichtweise, den Lebens-Entwürfen und dem Lebens-Sinn, den spirituell-religiösen Hintergründen.

Heilkräuter, Koch-Rezepte, Fastenformen, Edelsteine, Tugenden und Laster, all diese heilungs-orientierten Weisheiten der Hildegard von Bingen können wir ebenso wenig trennen von ihrer Weltkunde – Glaubenskunde – Heilkunde. Das Großartige ist, daß Hildegard von Bingen das Religiös-Spirituelle mit dem Praktischen verwebt, verortet. In jedem Heilkraut ist Gottes Schöpfung zu sehen und in jeder QiGong-Übung die Weisheit des Kosmos.

Mikro-Makro-Kosmos bei Hildegard von Bingen und im fernöstlichen Dao verankert, unterschiedlich und doch Geschwister, so sehen wir sie.

Dao ist letztlich nicht ergründbar, wie auch Gott nicht auslotbar ist. Einige Bedeutungen dazu (nach Kaltenmark, S. 45 ff):

- Dao (oder Tao) ist Weg, Pfad, einen Weg bahnen, führen, eine Verbindung herstellen, den Weg weisen als Lehre.
- Dao ist zuvorderst ein religiöser Begriff: Es ist die Kunst, eine Beziehung zwischen Himmel und Erde herzustellen, durch den Menschen als Vermittler. So ist Dao auch Methode und eine Macht im Sinne des Königs-Weges.
- Himmel-Mensch-Erde wird teilweise auch als Trinität gesehen.
- Dao ist Ordnung, Ordnungsprinzip, Ordnung schaffen. Die himmlisch-natürliche Ordnung zeigt sich im zyklischen Wechsel der Jahreszeiten, von Wärme und Kälte, Licht und Dunkelheit, Yin- und Yang-Energien, die u.a. im QiGong wirksam werden.
- Dao ist Tugend, Weisheit, Wirkkraft.
- Dao ist eine Wirklichkeit, aus der das Universum entspringt. So ist Dao eine Schöpfungskraft, ähnlich dem außerhalb der Schöpfung stehenden personalen Schöpfungs-Gott in der christlichen Religion.

„Es gibt ein eigenschaftsloses und vollkommenes Wesen, das vor dem Himmel und der Erde entstanden ist: Wir dürfen es als die Mutter dieser Welt betrachten, doch kenne ich ihren Namen *(ming)* nicht. So nenne ich es *(tzu)* Tao. Und wenn ich ihm unbedingt einen Namen *(ming)* geben soll, dann das [unendlich] Große." *(Kaltenmark 1996, S. 57)*

Üben – sakraler Ursprung

Wir unterscheiden Lernen und Üben:

Lernen in unseren sinnhaften Medien, wie beschrieben, bezieht sich auf den äußeren Bewegungsablauf im Tanz, im QiGong u.ä. Ziel ist, den klaren Bewegungsablauf in das Bewegungsgedächtnis zu integrieren, bis es „von alleine läuft". Verbunden ist damit, wie auch beim Üben: die Gedanken zentrieren – 10 000 Gedanken auf einen Gedanken verdichten – und die Bewegungen mit der inneren Vorstellungskraft begleiten. Vielfältig differenziert zeigt sich diese Form der Bewegung und das Anbinden des Geistes im QiGong. Im Tanzen wird es noch weniger betont.

Üben ist erst möglich nach dem Erlernen, beim wiederholenden Einüben des äußeren Geschehens. Natürlich überlappen sich Lern- und Übungsmuster. Beide sind notwendig, ergänzend und keines ist besser oder schlechter. Üben ist eine Form der „Exerzitien", des Sehens und Doch-nicht-Sehens, des bewußten Bewegens und Bewegen-Lassen. Ähnliches sagt verblüffenderweise Hildegard von Bingen von der Art ihrer Visions-Erlebnisse. Üben, wie wir es meinen, hat einen sakralen Ursprung. „Dieser sehr alte Sinn des Wortes ‚üben' oder ‚uoben' geht auf das altindische ‚apas' zurück und meint ‚Werk, heilige Handlung'... Wir müssen die Technik einer Übung (Anmerkung: im QiGong) erlernen und geistig völlig durchdrungen haben, bevor wir ein Übungsniveau erreichen, das Geist und Technik *transzendieren* (hervorgehoben durch Lander/Zohner). (Urbach 1997, S. 11)

Achtsam und offen für das Unbekannte ist bewußt dann möglich, wenn durch ständiges Wiederholen der Geist für das Geschehen frei wird. Die Aufmerksamkeit des Übens als "sakrales Handeln" ist nicht auf dies Ziel gerichtet, sondern auf den Vollzug der Handlung selbst. (Ausführungen dazu, auf Tanz bezogen in Lander/Zohner, Lehrerlebnis Tanz). "Der Kultus des Übens besteht in einer bewußt-gestalteten und in der Regel stilisierten und ritualisierten Bewegung, die der Pflege bedarf". (Urbach 1997, S. 12). Ausgegangen wird beim Üben als religiöser und kultischer Handlung vom Bewußtsein göttlicher Präsenz. So kann üben auch immer etwas Feierliches sein.

3. Stärke und Sanftheit
– Geschmack an mir selbst

900 Jahre alt und kaum verbraucht scheint die Person und ihre Botschaft zu sein: Hildegard von Bingen. Wurde sie wenig gebraucht, oder wurde sie in ihren Tiefenschichten gar nicht erkannt oder war sie gar lästig? – Wir wollen uns nicht in Vermutungen aufhalten, sondern fragen, was kann sie mir sagen, jetzt, als Lebens-Entwurf, als Glaubens-Grundlage, als Heilkunde, als Weg-Weisung, zur Selbsterkenntnis. Nachdem wir fortschrittlich die Welt entzaubert haben, suchen wir nach der Wiederverzauberung der Dinge, der Menschen, nach dem Mysterium. Ist Hildegard von Bingen ein Mythos, nach dem ich mich sehne, mich damit identifizieren, zumindest orientieren kann? Gehen wir auf den Platz der Entscheidung.

Wir haben einige Schätze aus dem Brunnen in Sichtweise gebracht. Wir können sie anschauen. Manche Aussagen, Handlungen sind sperrig und eindrücklich zugleich, nicht immer ergründbar. Geschmack als unerschöpfliche Weisheit an uns bekommen, verstärkt oder neu oder als aktuell-neue Mischung – es gibt keinen Grund geschmack-los zu sein.
Wir können

- Viriditas als Grünkraft und Lebensenergie als Qi aufsuchen, in uns fließen lassen;
- „offenen Auges" die Visionen betrachten;
- aus dem Himmelsbrunnen die Quelle schöpfen und tanzen;
- uns einer Kultur der Leiblichkeit, der Leib-Freundlichkeit erinnern und uns nicht der Abwertung hingeben;
- mit dem „lächelnden Drachen" Aug in Aug das rechte Maß ermessen;
- schmatzend immer wieder die Weisheit schmecken;
- die Heilkunde auskundschaften, Wildheit und Sanftheit verbinden wie heiße Himbeeren und kaltes Eis;
- uns mit Segen umhüllen lassen, wohlduftend, schmerzlindernder Balsam und uns als Segensrad drehen.

Beginnen wir mit einem „anstößigen Streit", der Anstoß geben soll, und haken uns da ein, wo wir uns wiederfinden, und schmecken uns dann:
„Die Schwermut („infelicitas") ist süchtig nach Peinigung, läßt den Menschen wie einen Aussätzigen von der übrigen Gemeinschaft und den Gotteskräften getrennt leben. Ohne das Gut der Heiligkeit oder die Freude der Erlösung umgibt sich diese Lastergestalt mit unbeständigen Eitelkeiten, um so durch das Wechselspiel ihrer Haltung jenes Glück zu erzwingen, das sie doch nicht haben kann. Die Glückseligkeit (‚beatitudo') macht der Schwermut zum Vorwurf: ‚Du mißgönnst dir dich selbst, da du nicht auf Gott vertraust. Von Gott forderst du nichts, weshalb du auch nichts findest.' Die Glückseligkeit hingegen schlägt vor Gott die Zither, indem sie ihr ganzes Handeln vertrauensvoll auf ihn richtet." *(Lautenschläger 1993, S. 356f)*

4. Treffpunkt Gruppe – wilde Hilde und sanfter Bär

Hildegard als Bildungs-Weg;
Hildegard als Reise zu sich selbst;
Hildegard als Drehpunkt im Tanz;
Hildegard als Grünkraft und Lebensenergie in QiGong-Übungen und Gebärden;
Hildegard als Bild-Erleben und Bild-Meditation;
Hildegard für einzelne, für Gruppen, multimedial.

Ein wild-sanftes Gemisch mit Hildegard von Bingen, ernst und heiter, ruhend und bewegt.

Gedacht sind unsere Weg-Markierungen zur Aneignung, Einverleibung für einzelne und für die Arbeit mit Gruppen. Je nach Gruppen-Situation kann eine Gruppe selbst die Inhalte, Bilder, Tänze, QiGong, Musik erarbeiten oder die Gruppenleitung befaßt sich intensiv damit. Manchmal ist auch eine Expertin, ein Experte hilfreich. Konzipiert sind diese Bausteine für Gruppen zwischen acht und vierzig Teilnehmerinnen und Teilnehmern.
Zum Lebenslauf können einzelne Inhalts-Schwerpunkte zusätzlich ausgesucht werden. Je nach Zeit-Möglichkeit können allmählich alle Themen ins Fließen gebracht werden. Dabei kann ein Spruch aus Haiti hilfreich sein: „Ihr habt die Uhr, wir haben die Zeit.“ Leibliches, geistiges, seelisches Verdauen braucht Zeit.
Jeweilige Gruppenprozesse sind zu bedenken, Entwicklungen und Motivation, Aufnahme-Fähigkeit, Aus-Dauer (siehe auch Lander/Zohner, Lehrerlebnis Tanz, darin besonders das Kapitel über Gruppenprozesse, S. 16ff). Eine gute Vorbereitung der Gruppenleitung gehört zum Gruppengeschäft. An jedes Kapitel haben wir eine Literaturliste angefügt zur eigenen Vertiefung.
Begegnung kann nur sein, wenn jede und jeder sich in seiner Identität findet, abgrenzt und gleichzeitig mit Achtung sich mit dem Fremden, das auch in uns selbst ist, in Beziehung setzt. Manches, was Hildegard von Bingen uns mitteilt, mit uns aus ihrer Mitte teilt, ist uns fremd – umkreisen wir es mit allem Mut zur Kreativität.

Literatur

Führkötter, Adelgundis (Hg.), Kosmos und Mensch aus der Sicht Hildegards von Bingen, Mainz 1987

Fox, Matthew, Vision vom kosmischen Christus, Kreuz Verlag, Stuttgart 1991, Zitat im Zitat 48: Eckehart, Deutsche Predigten und Traktate, S. 273, Stuttgart 1976, 3. Band

Hildegard von Bingen, Prophetin durch die Zeiten, zum 900. Geburtstag, Hg. Äbtissin Edeltraud Forster und Konvent der Benediktinerinnenabtei St. Hildegard Eibingen, Herder Verlag, Freiburg/Br. 1997

Kaltenmark, Max, Lao-Tzu und der Taoismus, Insel Verlag, Frankfurt 1996

Konermann, Bernward, Hl. Hildegard, Ordo Virtutum, Spiel der Kräfte, Das Schau-Spiel vom Tanz der göttlichen Kräfte und der Sehnsucht des Menschen, Pattloch Verlag, Augsburg, 1991

Lander, Hilda-Maria/Zohner Maria-Regina, Lehrerlebnis Tanz, Meditatives Tanzen in Gruppen, Matthias-Grünewald-Verlag, Mainz 1997

Lautenschläger, Gabriele, Hildegard von Bingen, Die theologische Grundlegung ihrer Ethik und Spiritualität, Frommann-Holzboog-Verlag, Stuttgart 1993, Zitat vom Zitat 246 LVM II 54-57/110-113=P 83-85

Malek, Roman, Das Tao des Himmels, Die religiöse Tradition Chinas, Herder-Verlag, Freiburg/Br. 1996

Schipperges, Heinrich, Die Welt der Hildegard von Bingen, Herder-Verlag, Freiburg/Br. 1997

Schnetz, Wolf Peter (bearbeitet), Lao Tse, Tao Te King, Weck nicht den Riesenfisch im Schlaf der Tiefe, Freipresse, Bludenz 1/1995

Urbach, Bernhard, Betrachtungen über das Üben, in: tiandiren journal, Nachrichten der Deutschen Qigong-Gesellschaft, 2. Ausgabe, Sept. 1997

II. Geworfene Lebensgeschichte – Hildegard von Bingen
– Weg-Stationen und biografische Spuren

1. Geworfene Lebensgeschichte – verlebendigt – aktualisiert: Wichtige Daten aus dem Leben Hildegards

1098	Hildegard wird in Bermersheim bei Alzey (Rheinhessen) als zehntes Kind des Edelfreien Hildebert und seiner Frau Mechthild geboren.	„Als zehntes Kind". Zehn ist Ziel aller Zahlen, sie ist die Summe der ersten vier Zahlen (1+2+3+4 = 10) und gilt als Bild der Vollkommenheit. Sie umfaßt alles einzelne, ist Regel und Maß aller Zahlen, aller Berechnungen und Harmonien. In der Bibel begegnet uns die 10 häufig als Zahl eines abgeschlossenen Ganzen: 10 Gebote, 10 ägyptische Plagen, 10 Aussätzige, 10 Jungfrauen, 10 Talente… Die Israeliten waren zur Darbietung des Zehnten verpflichtet (Ex 22, 29). Für Hildegards Vater war das Kloster Disibodenberg Lehensherr, und er war angehalten, den zehnten Teil der Ernte abzugeben. Das zehnte Kind ist von Geburt an Anteil, der Gott gegeben wird, der Gott geschenkt wird.
1106	Sie wird der Klausnerin Jutta von Sponheim auf dem Disibodenberg bei Bad Kreuznach zur Erziehung übergeben. Hildegard hat seit ihrer Kindheit die Gabe der „Inneren Schau", vertraut sie aber nur ihrer Meisterin Jutta an, seit sie das Gerede und Achselzucken der Menschen erlebt hat.	Die Klausnerin Jutta von Sponheim ist mit der Familie des Grafen von Bermersheim befreundet. Ihr wird Hildegard anvertraut und zur Schulung und Erziehung übergeben. Jutta – eine Meisterin des spirituellen Lebens – wird von nun an Wegweiserin und Weggefährtin für das Kind und die heranwachsende Hildegard. Der Aufenthalt in der Klause – dem Benediktiner-Kloster Disi-

		bodenberg angegliedert – bedeutet: Wachstum nach innen (S. Brunnen) in großer Wachheit und Präsenz. Die Gabe der „inneren Schau“ kann in dieser Wachheit wachsen und sich vertiefen, Hildegard „schaut mit offenen Augen“. Sie erhält nicht im Traum eine Weisung, sondern ist in der faßbaren Wirklichkeit gegenwärtig, und die andere Wirklichkeit schenkt sich und senkt sich auf sie zu.
1136	Jutta von Sponheim stirbt. Hildegard, die Benediktinerin geworden ist, wird von dem inzwischen entstandenen kleinen Frauenkonvent zur Äbtissin gewählt.	Dreißig Jahre lebte Hildegard mit der Lehr-Meisterin Jutta. Sie entschloß sich zu einem Leben nach den Regeln des hl. Benedikt und wird nun zur Äbtissin gewählt. Sie, die Weisungen, Wegweisungen empfangen hat, wird nun selbst zur Wegweiserin.
1141	Hildegard erhält in einer großen Vision von Gott den Auftrag, aufzuschreiben und zu verkünden, was sie sieht und hört. Unter Mithilfe des Mönches Volmar und der Schwester Richardis von Stade beginnt die mit der Niederschrift ihres ersten großen Buches „Sci vias“ – Wisse die Wege.	Ungefähr 10 Jahre schreibt Hildegard an ihrem ersten Buch: Liber Sci vias – Wisse die Wege. In diesem Buch – wie in allen folgenden – offenbaren sich drei Säulen oder drei Schwerpunkte ihres gewaltigen Werkes von einem höheren Auftrag durchdrungen: „Schreibe auf, was du siehst, und sage, was du hörst.“ Weltenkunde – Wort Glaubenskunde – Antwort Heilkunde – Verantwortung In allen weiteren Büchern, die Hildegard schreibt, offenbaren sich diese drei Säulen, nur in der Gewichtung verschieben sie sich je Buch.
1150	Gründung eines eigenen Klosters auf dem Rupertsberg bei Bingen, wie sie es in einer Vision aufgetragen bekam. Fertigstellung des	Nach der Loslösung von der Lehrmeisterin Jutta, erfolgt nun die Loslösung von der Abtei am Disibodenberg. Die Verselbständigung und damit die Verantwortung für

	„Sci vias", nachdem ihre Schriften durch Papst Eugen III. anerkannt worden sind. Hildegard wird bekannt im ganzen damaligen Abendland, viele Menschen erbitten ihren Rat, und es entwickelt sich ein ausgedehnter Briefwechsel mit vielen mächtigen und bedeutenden Persönlichkeiten.	das neugegründete Kloster und die übergebenen Menschen nehmen zu. Die Wegsuche vieler Menschen findet Antwort in der Wegweisung durch Briefe und im politischen Handeln Hildegards.
1151 –1158	Abfassung einer Naturkunde, in der sie das „innere Wesen der verschiedenen Naturen in der Schöpfung" beschreibt – bekannt unter dem Namen „Physica" – und einer Heilkunde: „Causae et curae" – Von den Ursachen und der Behandlung von Krankheiten.	Grundlage der weiteren Bücher ist wie auch schon im „Liber Sci vias" das Wissen ums Ganze. „Global denken, lokal handeln." „Leidet ein Glied, leiden alle Glieder." (1 Kor 12,26)
1155	Hildegard reitet zum Disibodenberg, um vom Abt die Herausgabe der Besitztümer ihrer Schwestern zu fordern, die er widerrechtlich einbehalten hat. Sie besteht auf urkundlicher Festlegung der Unabhängigkeit ihres Klosters vom Kloster Disibodenberg und verweigert auch die Einstellung des Vogtes.	Das kränkliche Kind, die schwache Frau. Hildegard lernt zu fordern, einzufordern; sie lernt zu kämpfen, wo es um das Recht geht, sie wendet sich gegen Widerrechtliches und gegen Abhängigkeiten.
1158 –1163	Das „Liber vitae meritorum" – Buch der Lebensverdienste – entsteht. Hier werden 35 Tugenden, die Hildegard als Gotteskräfte bezeichnet, ebenso vielen Lastern gegenübergestellt.	Hildegard schreibt und komponiert: Ordo Virtutum, Spiel der Kräfte. Das Schau-Spiel vom Tanz der göttlichen Kräfte und der Sehnsucht des Menschen. Dr. B. Konermann schreibt in einem offenen Brief:

„Spiel der Kräfte, ein musikalisch-szenisches Oratorium von Hildegard von Bingen, ein sinnliches-dichtes Spiel um das Ringen der menschlichen Seele nach Freiheit und Leben… es ist die erste nachantike Theaterdichtung, die uns überliefert ist, das erste von einer Frau geschriebene Drama überhaupt und geht in seiner künstlerisch-visionären Tradition bis auf den Patriarchen David zurück.“ (Konermann 1951)
Es geht auch darum, den Dialog der verschiedenen Regionen und Religionen der ganzen Welt zu fördern und zu schützen.

1158–1159 Erste Missions- und Predigtreise nach Franken, wo sie u.a. Mainz, Würzburg und Bamberg besucht, in Kathedralen und auf Plätzen predigt, obwohl sie in dieser Zeit sehr krankheitsanfällig war.

„Wie gelähmt“ war Hildegard, wenn sie den inneren Auftrag nicht erfüllte. Hatte sie sich aber für ihn entschieden, dann kam neue Bewegung in sie. Sie machte sich auf den Weg. Der Lebensfaden, der rote Faden ihres Lebens, wird immer deutlicher. Auf den Weg geschickt, beginnen die Suchbewegungen ihres Lebens. Sie erfährt Wegbegleitung und wird selbst zur Wegbegleiterin, zur Wegweiserin an Wegkreuzungen. Wegweisende Menschen und Weggefährtinnen werden ihr geschenkt bis sie „Sci vias“ um die Wege weiß, um sich immer erneut auf den Weg zu machen – auf den Weg zu den Menschen … auf den Weg zu Gott als letzter Wegstation eines langen, geheimnisvollen, fülligen Lebens, der durch seinen Sohn spricht: „Ich bin der Weg, die Wahrheit und das Leben.“

1160 Zweite Reise moselaufwärts bis nach Lothringen. Bekannte Stationen sind Metz und Trier, wo sie die aufsehenerregende Pfingstpredigt hielt.

1161 Dritte Reise rheinaufwärts, vermutlich bis nach Lüttich. In Köln hält sie eine öffentliche Predigt, in der sie dem Klerus mahnende Worte zuruft.

1163 Hildegard beginnt mit der Abfassung ihres letzten großen Visionswerkes „Liber divinorum operum" – Buch der Gotteswerke, der sogenannten Kosmosschrift.

etwa 1165 Gründung des Tochterklosters Eibingen bei Rüdesheim auf der anderen Rheinseite, das Hildegard zweimal wöchentlich per Schiff besucht.

1170 Vierte Predigtreise nach Schwaben, wobei sie verschiedene Abteien besucht, um den dortigen Äbten den erbetenen Rat zur Führung ihres Klosters zu erteilen: Stationen sind Maulbronn, Hirsau und Zwiefalten.

1178 Über das Kloster Rupertsberg wird durch das Mainzer Domkapitel das Interdikt verhängt, weil Hildegard einen unter Kirchenbann stehenden Adeligen, der jedoch durch die Beichte losgesprochen war, nach seinem Tod im Klosterfriedhof beerdigen läßt. Die Kirchentüren werden geschlossen, es darf kein Gottesdienst mehr gefeiert und nicht mehr gesungen werden.

1179 Frühsommer: Die greise Äbtissin Hildegard muß viele mühevolle Kämpfe durchstehen und sich schließlich dem Erzbischof von Mainz zu Füßen werfen, bis endlich das Interdikt aufgehoben wird.

1179 17. September: Hildegard stirbt in ihrem Kloster. Viele Menschen sehen einen Lichtkreis mit einem leuchtenden Kreuz am Himmel.

„Auf zum Himmel schauen die Klosterfrauen, und in den Strahlen der Morgensonne erblicken sie – so ist es überliefert – ein göttliches Zeichen. Über dem Gemach der Toten erscheinen zwei überaus helle Bögen von verschiedener Farbe, die sich nach den vier Weltgegenden ausdehnen, von Norden nach Süden, von Osten nach Westen. Wo die Bögen sich kreuzen, erstrahlt ein mondförmiges Licht. Es vertreibt die nächtliche Finsternis vom Sterbehaus. In diesem Licht schimmert rot ein kleines Kreuz, das zu ungeheurer Größe anwächst. Dieses Kreuz umgeben unzählige verschiedenfarbige Kreise, in denen sich wiederum einzelne, kleine rotglimmende Kreuze mit eigenen Kreisen bilden. Über das ganze Firmament breitet sich die Erscheinung aus, bevor sie sich bündelt und auf das Haus strahlt, in dem ‚die heilige Jungfrau' heimgegangen ist.
Die Totenglocke läutet." *(Kerner [5]1995, S. 167/168)*

2. Caritas habundat in omnia – Musik von Hildegard von Bingen zur Einstimmung
– die Liebe strömt über

Als Einstimmung zur Lebensgeschichte von Hildegard, hörend, ganz Ohr die Weite des Geistes ein- und ausfließen lassen.

Musik:
CD Vision the Music of Hildegard von Bingen, 1994/95
CDC 7243554228
Textübersetzung von CD Sequantia, canticles of ecstasy, Hildegard von Bingen

Caritas habundat in omnia
Die Liebe
strömt über in alles,
unendlich erhaben von den tiefsten Tiefen
bis über die Sterne hinaus,
unendlich liebend
alles,
weil sie dem höchsten König den Friedenskuß
gegeben hat.

Die Musik und der Gesang wirken zentrierend, klärend, aufhellend.
Hildegard von Bingen war eine großartige Komponistin.

3. Jakobs Leiter – Schenkung, Tanz

(Variation zur gleichnamigen Tanzform in Lander/Zohner [4]1997, Tanz S. 153 ff.)

Aufstellung:
Kreisform, ohne Fassung, geschlossener oder geöffneter oder Halbkreis

Musik:
Andante, Konzert G-Dur, Paolo Salulini, auf CD: Rudi Zapf
Festliche Hackbrettmusik, 1993, DA, CD 1948 2

TANZ

Taktteile

1–4 Rechter Fuß beginnt, schräg nach rechts vorwärts ↗
4 Schritte zur Mitte, rechts, links, rechts, links;
Hände allmählich nach vorne oben heben bis Schulter- oder Kopfhöhe; innere Vorstellung: nach oben himmel-orientiert, steigen Handinnenflächen nach oben;

5–8 Wiegeschritt nach rechts, links, rechts, links ↷ ↶ ↷ ↶
am Ende ist das Gewicht auf dem linken Fuß; ↷ ↶
Hände bleiben erhoben, Handinnenflächen nach oben;

9–12 Rechter Fuß beginnt schräg rechts rückwärts, ↘
4 Schritte nach außen, rechts, links, rechts, links;
Hände werden gedreht, sodaß Handinnenflächen nach unten schauen, Hände absenken zur Körperseite, am Ende schauen Handinnenflächen nach hinten; innere Vorstellung: nach unten, erd-orientiert;

13–16 Wiegeschritte wie bei Takte 5–8,
Handinnenflächen nach hinten oder zum Körper, Fingerspitzen zur Erde; beim letzten Wiegeschritte Hände drehen, so daß Handinnenfläche nach vorne schauen; das Drehen ist wie ein Schöpfen, Hände sind dabei wie eine Schale;
von vorne

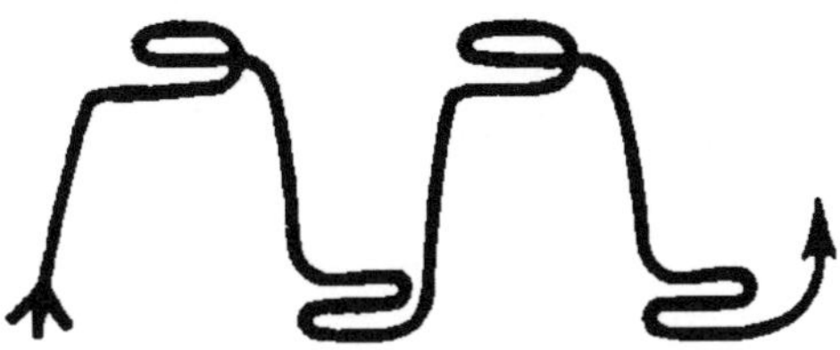

Ornamentik des Raumweges

Die Symboldeutungen, wie wir sie im Meditativen Tanzen beschrieben haben, bleiben, wie: hin und her, hinaus – herunter, Verdichtung – Erweiterung, Leiter, Himmelsleiter als Verbindung, ebenso der Lebensbaum und die Weltenachse.

Deutlich hervorheben möchten wir in dieser Tanzform die *Schenkung*.

Diese Schenkung kann nur aus der damaligen Zeit und dem kulturabhängigen Geschehen gesehen werden – letztlich bleibt es uns Geheimnis. Unsere Deutung versucht die damalige Situation denkend zu erfühlen und gleichzeitig aus unserem heutigen Wahrnehmungsvermögen zu fragen, was diese feudale Schenkung uns für unser Leben sagen könnte.

Die Eltern schenken das Kind Hildegard an Gott, konkret geben sie es weg in das Kloster. Sichtbar wird die Ambivalenz der Schenkung, das Opfern. Es ist jedoch weder als ein unblutiges Menschenopfer an einen gnädig zu stimmenden Gott zu sehen, noch als eine idealisierte Form besonderer Glückserfahrung oder Großzügigkeit der Eltern für ihr Kind. Die Schenkung enthält den Schmerz des Loslassens und Weggegeben–Werdens und birgt eventuelles Glück neu und Neues geschenkt zu bekommen, ein Austausch von geben und nehmen. Wir wissen nicht, wie es Hildegard dabei ergangen ist.

Hildegard von Bingen spricht in späteren, anderen Zusammenhängen von der „discretio", dem „rechten Maß" und meint u.a., daß sie wie eine Treppe ist, auf der der Mensch einerseits durch die guten Werke zum Himmel steigt, andererseits, die irdischen Bedürfnisse berücksichtigend zur Erde herabsteigt. Dieses Bild erinnert an die sogenannte Jakobsleiter (Gen 28, 12), worauf die „Regula Benedicti" Bezug nimmt. Der wahre Aufstieg verläuft über die absteigende Bewegung der Selbstentäußerung. (Lautenschläger 1993, S. 159). Im QiGong wird diese Polarität deutlich, u.a.: „Im Steigen ist Sinken, im Sinken Steigen. Das Steigen geht mit einem Sinken einher, um ein übermäßiges Steigen zu verhindern. In der sinkenden ist eine steigende Bewegung vorhanden, um so ein übermäßiges Sinken zu verhindern" (Jiao 1993, S. 96).

Auf den Tanz bezogen, beim Heben der Hände und des Körpers ist ein winziges Element des „inneren Absteigens" und beim Senken der Hände, dem Zurückgehen des Körpers, ein „Hauch" von Aufsteigen – energetisch gedacht, durch das innere Bewußtsein und seine Sinn–Bilder verankert. „Jakobs Leiter" wird zur Schenkung mit Steigen, Darbringen und Sinken, heilsam durch Glück und Schmerz.

Für die Tanzenden sind zwei Wirkweisen möglich:

- die Nachahmung, das Nachempfinden des historisch entfernten Geschehens, das dadurch in die eigene Person verlagert werden kann und
- die Übertragung in eigene Lebenssituationen von weggeben, ausleeren oder ausgeleert werden und der Chance des Neu-Entstehens.
  Die eigene Situation kann an eine fremde Situation angebunden werden, die vielleicht Identifikation mit der Kraftquelle wird.

4. Orante – Rhythmus zwischen Erde und Himmel
QiGong und Visionen

Diese QiGong-Form entspricht dem 1. Teil aus „Die dreifache Gestalt", mündlich übermittelt von Prof. Cong, China, aufbereitet und aufgezeichnet von Hilda-Maria Lander.

Traditionell werden QiGong–Formen ohne Musik geübt, jedoch kann Musik gegen Ende der Übung begleiten. Es kann jede tragende, ruhige Musik genommen werden.

Unser Musikvorschlag:
Divine Love (Karitas Habundat), auf CD Vision, The Music of Hildegard von Bingen, Angel CDC 7243 5 55423 2; oder:
Song of the nile, auf CD Spiritchaser, von Dead can dance, RTP 120–2050.2
Die Übung ist im Sitzen, Stehen und in schräg liegender Form möglich. Zu jeder QiGong-Übung gehören Einstimmung, Bewegungsfolge und Abschluß. Es gibt verschiedene Möglichkeiten – unser Vorschlag:

Einstimmung:
Füße stehen parallel schulterbreit, leicht im Knie gebeugt, Hände aufs Dantian (3 cm unterhalb des Bauchnabels) übereinander legen, sich sammeln, zur Ruhe kommen.

Bewegungsfolge:
Sich Zeit lassen und absichtslos üben.
Grundstellung: Parallelstand, Knie sind leicht gebeugt, Hände hängen seitlich nach unten, sie sind in der Vorstellung erd-orientiert, Handinnenflächen nach hinten.

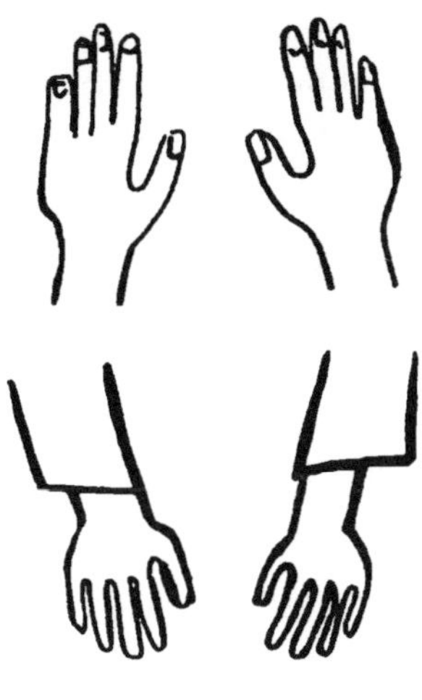

- Hände und Arme vor dem Körper in Bogenlinie nach oben führen bis über den Kopf, jetzt zeigen die Handinnenflächen nach vorne, damit ergibt sich eine Form der Orante-Haltung;
- Hände und Arme nach unten führen bis Schulterhöhe, immer noch in Orante-Haltung;
- Hände nach vorne neigen, waagerecht, Handinnenflächen schauen nach unten, die Fingerspitzen nach vorne;
- Hände und Arme sinken lassen, am Ende zeigen Fingerspitzen zur Erde, wie Ausgangsstellung;
- von Vorne beginnen; die Bewegungen sind langsam.

Die bewußte Anbindung des Atmens an die Bewegungen ist möglich, jedoch nicht notwendig; meist reguliert sich die Korrespondenz zwischen Bewegung und Atmen von selbst.
Falls Anbindung des Atems an die Bewegung:

– ein-atmen wenn Hände und Arme hoch genommen werden,
– aus-atmen, wenn Arme bis Schulterhöhe gesenkt werden,
– ein-atmen, kurz, wenn Hände nach vorne geneigt werden,
– aus-atmen bei weiterem Absenken der Hände und Arme.

Abschluß:
Dantian–Zentrieren wie bei Einstimmung, dann Hände vibrieren sanft auf dem Bauch, still werden, auch mit den Bewegungen, Hände lösen sich und hängen seitlich nach unten, wach aus den Augen schauen und vom Platz weggehen.
Im Zusammenhang mit der Jakobs-Leiter kann dieser Tanz anschließend an die QiGong-Form Orante wiederholt werden.
Mit dieser QiGong-Übung kann intensivierend das Qi der Erde mit dem Qi des Himmels verbunden und bei sich selbst eingesammelt werden. Es ist ein Steigen und Sinken im Wechsel, ähnlich dem Symbol der „Jakobs-Leiter" als ein Auf- und Niedersteigen von Träumen, Visionen, Engeln, Gedanken, Energien.
Die Orante-Haltung ist eine der ältesten Gebetshaltungen in verschiedenen Religionen. Sie ist hier in die Bewegung eingebunden, nicht als fixierte Haltung, sondern als innere haltende Bewegung (weitere Ausführung zu Orante-Haltung in Lander/Zohner [4]1997, S. 102 ff).
Wir wissen nicht, ob in der chinesischen Wurzel dieser QiGong–Bewegung ein ähnliches Sinnbild enthalten ist. Aus dem kosmologischen chinesischen Gedankengut können wir eine grundsätzliche ehrfurchtvolle Haltung und Bewegung gegenüber kosmischen Erscheinungen und dem Qi als Lebens-Energie entnehmen (siehe auch unser Kapitel III, 1; Malek S. 36 ff; und Bölts,[2]199 4S. 22).
Diese QiGong-Bewegung, die wir als Orante-Bewegung bezeichnet haben, kann für uns eine Gebetsbewegung sein, verankert in unserer Kultur und gleichzeitig die ehrfurchtsvolle Beziehung zu kosmischen Energien, eine Begegnung westlicher und östlicher Kulturen.
Steigen und sinken, geben und nehmen, an die Erde, an den Himmel, ein ewiger Kreislauf – Hildegard von Bingen auf den Leib geschrieben.

5. Bären-Geist – der sanft-wilde Bär
– Tanz mit dem Sprung zur Heilkunde

Vereinfachte Tanzform zum Original in III, 7.4. Tanz entwickelt und aufgezeichnet von Hilda-Maria Lander und Maria-Regina Zohner. Als Hintergrund und Inspiration liegt die Geschichte „Der Bär" von I. Ulrich zugrunde: Es ist die Begegnung zwischen Hildegard und einem Bär.

Diese Tanzform symbolisiert in den unterschiedlichen Schrittformen die Wesensarten eines Bären und eines Menschen, hier Hildegard, bzw. die Bären–Natur im Menschen. Der Tanz ist nicht auf die direkte Begegnung ausgerichtet, sondern auf die symbolische. Auf Wesens–Elemente des Bären wird nach der Tanzbeschreibung hingewiesen.

Musik:
von Michalis Terzis, Makedonia – OPAKH, auf CD Nostimon Imar, Famous Greek composer, EUCD 1076

Aufstellung:
im Kreis oder Halbkreis; Hände sind gefaßt, hängen nach unten

TANZ

Takte		
1–40	Vorspiel	
Teil 1	*Hildegards Spaziergang*	
1–4	Rechter Fuß vorwärts in Tanzrichtung ⤻	kurz
	linker Fuß vorwärts in Tanzrichtung ⤻	kurz
	rechter Fuß vorwärts und hop ⤻	lang
5–8	wie Takte 1–4, jedoch mit linkem Fuß beginnen ⤻	
9–40	wie Takte 1–8 wiederholen ⤻	
Teil 2	*Bärenschritte – der Bär ist los*	
1–4	Rechter Fuß vorwärts ⤻, linker Fuß vorwärts ⤻ breitbeinig gehen	kurz-kurz
	auf rechtem Fuß stehen und geerdeter hop dabei leicht drehen ⤻ ↷	lang
5–8	wie Takte 1–4, jedoch mit linkem Fuß beginnen	
9–96	ungefähr ab Takt 49 drehen am Platz ↺ ↻	
Teil 3	*Hildegards Entscheidung vor und zurück*	
1–4	Rechter Fuß vorwärts zur Mitte ↑	
	linker Fuß vorwärts zur Mitte ↑	kurz-kurz
	rechter Fuß zur Mitte und hop ↑	lang
5–8	wie Takte 1–4 jedoch rückwärts zurück, ↓ linker Fuß beginnt ↓ bei Takt 2 kann der linke Fuß den rechten hinter-einkreuzen	
9–40	wie Takte 1–8, wiederholen	
Teil 4	*Dramatisierung im Bären*	
1–4	wie Takte 1–8 von Teil 2, allmählich zur Mitte	

	im seitlichen Zick-Zack ; die Schritte werden fester, wilder, Blitze aus den Augen schleudern wie ein Bär
9 – 64	wiederholen, am Ende Arme auf Brusthöhe, wie einen Baum umarmen
Teil 5	*Bärendrehung – sanfter Bär*
1 – 72	sich drehen, langsam, schnell, am Platz, rechts- ↻ und linksherum ↺
72 – 80	Tanzhaltung lösen, wieder in die Bärenhaltung mit Hohlfaust zurück.
Teil 6	*Rückzug des Bären*
1 – 40	wie Nr. 4, jedoch im Zick-Zack allmählich rückwärts zurück
Teil 7	*Verabschiedung und Dank*
1 – 8	sich verbeugen, dabei gekreuzte Arme über der Brust, am Ende offene Handhaltung, Hände hängen nach unten oder winken; wir verabschieden uns von unseren eigenen Bären-Anteilen

Vom Wesen des Bären ausleihen – einige Hinweise

Hildegard von Bingen schreibt vom *Wesen* der Pflanzen, Tiere, Bäume usw. (in „Physica") und von diesem Wesen heraus, so wie sie es sieht, erklärt sie entsprechende Heil- und Unheilwirkungen für den Menschen. Ähnlich wird es im gesundheitsfördernden Aspekt des QiGong nach traditioneller chinesischer Vorstellung gesehen (s. Jiao 1992). Es geht nicht um das naturalistische Verhalten zum Beispiel des Bären, sondern um dessen Wesen und der darin innewohnenden Kraft, die Bewegungen sind gleichsam stilisiert. Ein Mensch soll nicht wie ein Bär, ein Kranich o.a. werden, sondern sich durch die QiGong-Übungen etwas vom Wesen dieses Tieres ausleihen, das für ihn heilend und kräftigend, beruhigend wirkt (s. allgemeine Aussagen zu Beginn dieses Buches). Immer sind die Einzel-Sichtweisen im gesamten kosmischen Zusammenhang zu sehen, immer ist die ursprüngliche Kraft und Natürlichkeit alles Lebendigen grundlegend. Ein wichtiger Aspekt ist die Wildheit als Kraft, die dem Menschen innewohnt. – Das Wiedererlangen der Verbindung zur Natur, z.B. durch Tier-QiGong führt zu einem inneren Wohlgefühl, ähnlich den Aussagen zu Viriditas von Hildegard von Bingen.

„Wenn aber ein Mensch ängstlich und zaghaft und zitternd und beunruhigt ist, so daß er immer in Schrecken ist, dann nehme er jenes Fell, das zwischen den Ohren des Bären ist, und er gerbe es etwas, und dann lege er es so lange auf seine Magengegend und sein Herz, bis er davon warm wird, und sogleich wird er kühn sein, und der Schrecken und das Zittern und die Angst weichen von ihm." *(Hildegard von Bingen, Physica, S. 453/455)*

Felle verschiedener Tiere waren seit Urzeiten für die Menschen lebens-notwendig zum Kleiden, Wärmen, Schützen. Je nach Tier sind die Auswirkungen unterschiedlich, das ist exakt bei Hildegard nachzulesen (s. Heilmittel). Über den Tod der Tiere hinaus wirkt ein Teil ihrer Lebenssubstanz weiter; die Bärin, der Bär sind u.a. kraftvoll, stark, zärtlich, fürsorglich und tötungsbereit für ihre Jungen. Hildegard sieht u.a. einen Zusammenhang von Überängstlichkeit und ihrer Überwindung durch das Bärenfell, bzw. eines Teiles davon. Auch hier wird sichtbar, daß es nicht nur um die reine Materie Fell geht, sondern auch um den Charakter des Tieres. In einer anderen Form deutlich wird dies beim Schaffell. Hildegard sagt (s. Heilmittel, Schaf): Das Schaf hat „keine Bitterkeit und Herbheit... Aber auch die Schaffelle sind zur Kleidung des Menschen gut, weil sie ihm weder Hochmut noch Begierde, noch Krankheit bringen..." Daraus läßt sich rückschließen, daß „Hochmut" *nicht* heilend wirkt.
Charakteristisch am Bären sind:

1. Der Bär ist erdverbunden, er wird dem Element der Erde zugeordnet.
2. Er ist stattlich, stabil, rund, kräftig, fleischig, mit reichlichen Muskeln.
3. Die Bewegungen des Bären sind sanft, schwerfällig, langsam, ruhig, rund, stabil, aber auch gewandt, flink, behende und tapsig nach außen; er ist nicht zerstreut, sondern er hat immer Halt; sein Schritt ist nach außen schwerfällig, nach innen jedoch gewandt, behende. Der Blick des Bären ist meist nach innen gerichtet, er kann jedoch auch aus seinen Augen Blitze schleudern; die Kraft des Nach-oben-Hebens ist mit einer spiraligen, wringenden Kraft verbunden.
4. „Die Ruhe des Bären ist gesetzt, erdverbunden, fest und stabil... In der Gesetztheit muß man nach Behendigkeit suchen, in der Schwere muß man die Leichtigkeit zeigen, in der Einfalt muß man die Klugheit zum Ausdruck bringen, im Innehalten muß man nach Ausdehnen und Hervorkommen streben, in der Schwerfälligkeit muß man Gewandtheit darstellen" (Jiao 1992, S. 54).

Die runden, meist kreisenden Bewegungen des Bären sind heilende Bewegungen, zentrierend, ruhend und dynamisch aufbauend.
Es ist wichtig, die Wesensanteile des Bären in uns zu entdecken, sie zuzulassen, nicht zu verdrängen und sich die Kraft konstruktiv „verfügbar" zu machen und eine sanfte Wildheit zu genießen.

6. Schwelle – Grenzerfahrung, Grenzüberschreitung
Tanz: Das Tor zum Weinberg

Abschluß der Lebensgeschichte ist der Tanz:
Das Tor zum Weinberg
Entwickelt und aufgezeichnet von Hilda–Maria Lander und Maria–Regina Zohner, nach Romiossini (Griechentum), Text von Ritsos, Musik von Theodorakis.
Er ist entnommen aus: Lander/Zohner [4]1996, S. 118/119.
Inhaltlicher Schwerpunkt ist die Schwelle, über die Schwelle gehen, ein Über-schreiten. Grenz-Erfahrung

Musik:
Pios na to pi, auf: Romiossini von Theodorakis/Ritsos, EMI CD 146 045 702 032 Greece, Einsatz bei Gesang, also beim 7. Takt.
Text ist in verkürzter Form auf der Schallplatte in griechisch; in deutscher Übersetzung (Original-Gedicht) in: Milos geschleift, 1979, Hanser Verlag, München.

Inhaltliche Schwerpunkte
- Kreis (Form des Tanzes), siehe Symbol Kreis
- Vorwärts-rückwärts im Maß des rhythmisierten Gleichgewichtes, das ausgleichend wirkt
- Erde-orientiert und Himmel-orientiert, aufwärtsstrebend und abwärtsstrebend, insbesondere die Haltung der Hände
- Symbole, die sich zunächst vom Text ableiten, die dann jedoch durch den Tanz neu eingebunden und dadurch zusätzlich eigenständige Bedeutungen erfahren:
  .. Weinberg als Ort der Lebens-Fülle und Entwicklung, des Kontaktes zu Erde und Himmel, beides findet sich gekeltert im Wein.
  .. Weinrebe mit Stamm und Rankenwerk, Spirale; der rechte Fuß ist der Stamm, die Senkrechte, Verbindung von Erde und Himmel; der linke Fuß rankt sich vor und zurück, entwickelt Umwege, versetzt den Stamm, balanciert Gleichgewicht.
  .. Tor als Übergangs-Situation, geschlossen, geöffnet; das Rankenwerk im Tor, besonders im geschlossenen Tor als Durch-Blick, Durch-Schrei, Durch-Greifen, Durch-Schreiten; jedoch Tor auch als Sterben und neues Leben in vielerlei Dimensionen.

Tanzform (als Original entwickelt)
Aufstellung: Im Kreis, geschlossen oder geöffnet, Hände hängen nach unten, mit Fassung.

TANZ

Takte	
1	Rechter Fuß zur Seite, mit Gewicht
2	Linker Fuß vor rechtem Fuß kreuzen, mit Gewicht
3	Gewicht auf rechten Fuß rückwärts zurück
4	Gewicht auf linken Fuß vorwärts
	Wiegeschritt.
5	Rechter Fuß zur Seite, mit Gewicht
6	Linker Fuß hinter rechtem Fuß kreuzen, mit Gewicht
7	Gewicht auf rechten Fuß, vorwärts
8	Gewicht auf linken Fuß rückwärts
	Wiegeschritt.

Mögliche Armhaltung:

- einige Zeit mit nach unten hängenden Armen tanzen, dann 
- W-Haltung, dann 
- mit erhobenen Händen, die gefaßt bleiben, damit sich das Tor  ergibt

Literatur

Bölts, Johann, QiGong – Heilung mit Energie, Eine alte chinesische Gesundheitsmethode, Herder-Verlag, Freiburg/Br. ²1994

Gronau, Eduard, Hildegard von Bingen, Prophetische Lehrerin der Kirche an der Schwelle und am Ende der Neuzeit, Christiana Verlag, Steinau am Rhein ²1992

Hildegard von Bingen, Heilkraft der Natur „Physica", Rezepte und Ratschläge für ein gesundes Leben, übers. M.-L. von Portmann, Herder-Verlag, Freiburg/Br. 1993

Jiao, Guorui, QiGong Yangshen, Ein Lehrgedicht, MLV, Uelzen, 1993

Jiao, Guorui, Das Spiel der 5 Tiere, QiGong, Gesundheitsfördernde 4 Übungen der traditionellen chinesischen Medizin, MLV, Uelzen 1992

Kerner, Charlotte, Alle Schönheit des Himmels, Die Lebensgeschichte der Hildegard von Bingen, Beltz-Verlag, Weinheim ⁵1995

Klessmann Edda/Eibach Hannelore, Traumpfade, Weg-Erfahrungen in der Imagination, Verlag Hans Huber, Bern, 1996

Konermann, Bernward (Hg.), Ordo virtutum – Spiel der Kräfte, von Hildegard von Bingen, Das Schau-Spiel vom Tanz der göttlichen Kräfte und der Sehnsucht der Menschen, Pattloch Verlag, Augsburg 1991

Lander, Hilda-Maria/Zohner, Maria-Regina, Bewegung und Tanz – Rhythmus des Lebens, Grünewald-Verlag, Mainz ⁴1996

Lander, Hilda-Maria/Zohner, Maria-Regina, Meditatives Tanzen, Kreuz-Verlag, Stuttgart ⁴1997

Lautenschläger, Gabriele, Hildegard von Bingen, Die theologische Grundlegung ihrer Ethik und Spiritualität, Frommann-Holzboog-Verlag Stuttgart, 1993

Malek, Roman, Das Tao des Himmels, Die religiöse Tradition Chinas, Herder Verlag, Freiburg/Br. 1996

Rath, Sr. Philippa, Hildegard von Bingen, Wirkungsstätten, kleiner Führer, Verlag Schnell und Steiner, Regensburg 1996

Schipperges, Heinrich, Hildegard von Bingen, Ein Zeichen für unsere Zeit, Knecht Verlag, Frankfurt/M. 1981

Urbach, Bernhard, Betrachtungen über das Üben, in tiandiren journal, Nachrichten der Deutschen QiGong-Gesellschaft, 2. Ausgabe, Sept. 1997

III. Zu Grunde gehen – auf den Grund gehen
Mosaiksteine aus der Tiefe des Brunnens

1. Viriditas und Qi – die Geschwister aus West und Ost
Schöpfungskraft und Heilungs-Energie

„O edelstes Grün,
das wurzelt in der Sonne
und leuchtet in klarer Heiterkeit,
im Rund eines kreisenden Rades,
das die Herrlichkeit des Irdischen nicht faßt:
du Grün
bist umschlossen von Liebe,
umarmt von der Herzkraft himmlischer Geheimnisse.
Du rötest wie das Morgenlicht,
du flammst wie der Sonne Glut,
o nobilissima viriditas!"

Hildegard von Bingen (in: Schipperges 1981, S.90)

Der Weg, der zeigbar,
ist nicht der beständige Weg,
der Name, der nennbar
ist nicht der beständige Name:
Das Namenlose ist des Himmels und der Erde Ursprung,
das Namhafte der abertausend Geschöpfe Mutter.

Darum:
das beständige Nichtbegehren
führt zum Betrachten seiner Geheimnisse,
das beständige Begehren
führt zum Betrachten seiner Grenzen.

Diese beiden treten ineins hervor
und sind dabei verschiedenen Namens –

Das Ineinssein – man nennt es das Urtümliche,
des Urtümlichen Urtümlichstes:
aller Geheimnisse Pforte.

(Lao Tse, 1. Spruch, S. 45).

1.1. „Kurz-Schlüsse“ zum Dialog Viriditas und Qi

Beide Erscheinungsformen und Begriffe, Viriditas und Qi, geben wir in den Dialog. Sie können sich annähern in ihren Aussagen, nicht jedoch ganz gleich sein. Dieser Dialog ist multikulturell geprägt. Wir sind fasziniert, wieviel Ähnlichkeiten sich zeigen, sind jedoch auch froh um die Unterschiedlichkeiten, da sie uns besonders herausfordern. Wichtig ist uns, mit Respekt die eine oder andere Meinung wahrzunehmen, mit ihr umzugehen, seien es Sichtweisen von Hildegard von Bingen, seien es Aussagen des „Gelben Kaisers“ (Schmidt 1992, S. 24) aus der chinesischen Philosophie, Lebenspraxis und Heilkunde.
Wir sehen die Wandlungen von Begriffen und Inhalten, z.B. Kosmos bei Hildegard von Bingen, jetzt in unserer Kultur oder in der chinesischen Tradition. Dennoch können wir diesen Wandlungen hier nicht nachgehen. Wir vertrauen auf die Faszination der Grenz-Erfahrungen, der kulturell-philosophischen-religiösen Einigkeiten oder Unterschiede; die Vielfalt sehen wir als verbindendes Element.

Vorweg einige „Kurz-Schlüsse“ als Farbtupfer zur späteren Ausdeutung:

- *Viriditas und Qi sind nicht eindeutig zu übersetzen.* Es ist nicht die Schwierigkeit verschiedener Sprachen, sondern die Vielschichtigkeit der Bedeutungen und Erscheinungsebenen. Bei beiden jedoch tauchen zentral die Begriffe Kraft, Lebenskraft, Energie, Lebens-Energie, Schöpfung auf, und in beiden sind Männliches und Weibliches miteinander verbunden.
- *Viriditas und Qi müssen gelebt werden.* Über Viriditas und Qi zu reden, braucht die Distanz des Wissens, Viriditas und Qi zu leben, läßt Weisheit näher rücken, erfahren können wir sie nur, wenn wir beides miteinander verbinden. Beides sind Entwürfe des Lebens von einem Schöpfergott, von einem Sein (Dao).
- *Makrokosmos und Mikrokosmos* werden von einer einheitlichen Kraft durchwirkt: nach Hildegard von Bingen die Sancta Viriditas, der „Heiligen Grüne“ (Riedel 1994, S. 12) und nach der chinesischen Philosophie das Qi, die Lebens-Energie.
- *Viriditas und Qi werden als Schöpfungskraft des Universums angesehen:*
  - als Keim- und Schöpfungskraft nach Hildegard von Bingen. „Es gibt eine Kraft aus der Ewigkeit … und diese Kraft ist Grün … aus lichtem Grün sind Himmel und Erde geschaffen und alle Schönheit der Welt“ (zitiert nach Riedel 1994, S. 13).
  - als Ursprungs-Qi oder Uranfangs-Qi. „Qi ist eine Materie, die alle Veränderungen verursacht … Alle Entstehungsprozesse und Vergehensprozesse kommen von Qi“ (Bölts ^{2}1994, S. 32). Der Geist wird im

chinesischen Denken als Materie angesehen; Qi ist Materielles und Immaterielles zugleich.

- *Viriditas und Qi bedeuten oder besitzen gleichermaßen Lebenskraft und Heilungskraft.*
  Heil, Heilen, die Heilkunde als Kunde vom Heil (nach Hildegard von Bingen) gehen aus von der Ganzheitlichkeit des Menschen, des Kosmos. Die Heilungskraft Viriditas und Qi meinen sowohl konkrete Heilungssituationen durch Heilmittel wie Heilkräuter, Heilbewegungen, als auch allgemeine Heilungsvorstellungen als „Wiederanschluß an die Viriditas" (Riedel 1994, S. 16), „das Grün" und Wiederherstellung der gestörten Harmonie (chinesische Sichtweise).
- *Der Mensch hat eine besondere Stellung* in der Welt, entsprechend auch eine besondere *Verantwortung* für sich und für die gesamte Schöpfung.
  - Die Hildegardische Sichtweise: „Als das bevorzugte Werkstück Gottes (opus operationis Dei) hat der leibhaftige Mensch eine optimale Verfassung und damit seine erstaunliche Stellung in der Welt. Er ist als wirkendes Wesen (homo operans) berufen, die gesamte Kreatur zu repräsentieren ... und ist für das Heil aller verantwortlich (homo responsurus)." (Schipperges, S. 41).
  - Die chinesische Sichtweise: „Der Mensch, als das höchste aller Geschöpfe, muß sich seiner Besonderheit bewußt sein und achtsam die Schöpfung wahren" (Konfuzius, 551 vor Chr., in: Bölts [2]1994 S. 22). Betont wird das kosmische Eingebundensein des Menschen und sein transpersonaler Bezug.
- *Tugend – kämpferisch und zart-umspielte Lebens-Quelle*
  - Bei Hildegard spielen die Tugenden und ihr Gegenüber, die Laster, eine zentrale Rolle. Tugend ist nicht als Drohmittel, als „personifizierte moralische Qualität" (Lautenschläger 1993, S. 320) oder als Unterwerfungsmöglichkeit des Menschen durch moralischen Druck gedacht, sondern als eine Kraft und Heil-Quelle, als eine Einheit der Kräftevielfalt. Der Tugendvorgang: die Kraft (vis) geht vom göttlichen Vater aus zum Menschen in einem übergroßen Strom der Tugenden (virtutes) und wirkt durch den Heiligen Geist (als viridatas) in den Werken der Menschen (Lautenschläger 1993, S. 364/365). Hildegard von Bingen schrieb „Ordo virtutum" ein Schau-Spiel vom Tanz göttlicher Kräfte und der Sehnsucht des Menschen, ein Schau-Spiel in dem die Seele zum Schauplatz wird für die Auseinandersetzung zwischen Licht und Schatten – seitens des Menschen, ein „Kampfplatz" zwischen Tugend und Lastern.
    Aber auch das Zärtliche, das Schmeckende wird bei Hildegard spürbar: „Wohlduft der Tugenden senkest du ein in die Herzen" (Hildegard von Bingen in: Riedel 1994, S. 172).

- Im QiGong des chinesischen Denkens wird Gong mit Arbeit, Disziplin, Geschick, Üben im Sinne der Meditation, der Exerzitien gesehen, ebenso als ehrenhafte Handlung, Wohltat und Tugend. Das kämpferische spielt dabei weniger eine Rolle als bei Hildegard, es sei denn, daß die Tugend Disziplin als ein Mittel im Kampf angesehen wird. Bei Hildegard bedeutet Disziplin (Disziplina) „die das Geistige faßt und hält" (Konermann 1991, S. 14). Die Körperübungen im QiGong sind das Fahrzeug zum Üben der menschlichen Qualitäten. „Sie üben ihr Herz"... Tugendhaftigkeit in dieser Weise heißt Gutes für die Menschen tun (Bölts, 1993 S. 11) und dadurch wird ein harmonischer Zustand erzeugt, die Heilquelle. Die guten Werke bei Hildegard sind hier als gute Taten des QiGong-Übens mit dem Herzen zu sehen.
  Beide Sichtweisen enthalten das *Machbare* durch den Menschen, das Kämpferische der ständigen Entscheidung, die Beständigkeit des Übens und das *Nicht-Machbare* des Geschenkes durch die Gnade (Lautenschläger 1993, S. 322), durch die Wirkung des Qi (Bölts ^{2}1994, S. 37), durch das Betrachten des Geheimnisses (Lao Tse, S. 45).

1.2. Ausfalten in der Einfalt
– Viriditas, die Grünkraft, die heilige Grüne als Schöpfungskraft

Suchen wir bei den Wortwurzeln (nach Konermann 1991, S. 89)
- vir = Mann
- virtus = Kraft, Energie, Tugend, Tugendkraft
- virtutes = Kräfte, Bote und Identität der Tugend aus dem Herzen des Schöpfers
- virtuositas = Tugendhaftigkeit (Anmerkung: jemand spielt virtuos.)
- viror = Lebenskraft
- vis = Kraft, Stärke, Potenz
- viruo = grünen, treiben
- viriditas = Grünkraft, Frische
- virgo = Jungfrau
- virginitas = Unschuld
- virga = Reis, Trieb, Sproß (s. auch Deutung von Qi)

„Diese Worte sind etymologisch verwandt mit (altindisch) urj > Nahrung Saft, Kraft und (griechisch) orge > Trieb, Regung, Stimmung, Gemüt, Temperament und orgia > heilige Handlung" (Konermann 1991, S. 89).
So enthält viriditas das männliche Element in vir und das weibliche Element in virgo (Jungfrau), das Nährende in virga (s. auch Qi) und die zur Transzendenz neigende Virtuosität als Tugendhaftigkeit. Im Spiel „ordo virtu-

tum“ sind die Tugendkräfte weiblich und können singen, nur Diabolus, der Durcheinanderwerfer wird männlich benannt. Er ist der Einzige, der in diesem Spiel nicht singen, sondern nur krächzen kann.

Viriditas als Symbol der Schöpfungskraft, des Lebens, der Fruchtbarkeit – einige Zitate:
„Viriditas als zentraler Begriff der Hildegardschen Schau der Schöpfung umfaßt die vitale Lebenskraft aller Wesen und Dinge, und damit trägt sie auch alle leiblichen und seelischen Gesundungsprozesse, wobei sie auch die geistige Vitalität, die Vernunft und das Gewissen umfaßt: Der lebendige Geist geht aus, wird grünender Leib und bringt seine Frucht: Das ist Leben. So sieht Hildegard die Entstehung aller lebenden Gestalten“ (Riedel 1994, S. 17).
„Zu den prägnantesten und vieldeutigsten Begriffen im Gesamtwerk Hildegards zählt ‚viriditas‘, die Grünkraft, als Symbol des Lebens und der Fruchtbarkeit schlechthin, und zwar sowohl in bezug auf die natürlich-elementare Ordung als auch im Hinblick auf die kirchliche Gemeinschaft – ‚eine Erde der Lebendigen‘ –, und das sittliche Leben des einzelnen Menschen. Wie die Welt ohne die Fülle der Früchte bliebe, wäre sie nicht von Grünkraft durchdrungen, könnte auch die Seele, ‚in der Vernunft des Wissens von Gut und Böse‘, ohne den Ruhm und die Glückseligkeit ihrer guten Werke nicht zur vollen Blüte gelangen“ *(Lautenschläger 1993, S. 329).*

„Hildegards Sicht der Natur zeichnet sich vor allem dadurch aus, daß sie den ganzen Makrokosmos und damit auch den Mikrokosmos des menschlichen Körpers von einer einheitlichen Kraft durchwirkt sieht, der sancta viriditas, der ‚Heiligen Grüne‘. Diese ‚Heilige Grüne‘, ist in der Pflanze; aber ebenso wirkt sie im menschlichen Körper und nicht weniger in der menschlichen Seele“ *(Riedel 1994, S. 12).*

„Zum Entwicklungskreislauf: ‚Die Erde ist so beschaffen, daß sie zu gegebener Zeit das Wachstum bewirkt, Frucht bringt oder aber ihre Grünkraft verbirgt. Dieser Entwicklungs-Kreislauf, worin der Mensch eingebunden ist, entspricht den drei Sonnenphasen – Aufgang, Mittagshöhe, Untergang – sowie den Mondphasen: zunehmend, abnehmend, Vollmond“ *(Lautenschläger 1993, S. 125).*

„Vom Konkreten bis hin zum Spirituellen ist nach Hildegard alles Lebendige von dieser Kraft durchströmt, einer Keim- und Schöpfungskraft, die zugleich Ruhe und Gleichgewicht mit sich bringt. ‚*Es gibt eine Kraft aus der Ewigkeit*‘, sagt Hildegard ‚*und diese Kraft ist grün*‘. Und weiter: ‚*Aus lichtem Grün sind Himmel und Erde geschaffen und alle Schönheit der Welt*‘.

Es gibt kein Geschöpf, das nicht aus Gottes Grünkraft seine innere Strahlung besäße. Ausstrahlung zu haben bedeutet, in der Grünkraft stehen" *(Riedel 1994, S. 13).*

„‚Fruchtbarkeit', beschreibt Hildegard in einem umfassenden Sinn als jedwedes aus rechter Absicht vollbrachtes Werk. Wie die Erde bereits im Keim das Keimen und in der Grünheit schon die Blüte birgt, um auf verschiedenartigste Weise fruchtbar zu werden, weidet sich gleichsam ein Mensch, der in seiner Leiblichkeit die ganze Welt trägt, in der grünenden Lebensfrische himmlischer Tugenden, wenn er alle irdischen Dinge in seiner Existenz überwindet, ‚um so die Keimkraft guter Werke sprossen zu lassen, durch die er die Frucht der Helligkeit an sich zieht'" *(Lautenschläger 1993, S. 330).*

„Die große Gestalt der Weisheit ist von einem Kreis umgeben, den sie ausfüllt und ‚erfüllt'. Der Kreis, das runde Ganze, bedeutet Gesamtheit des Seins, des Göttlichen wie des Geschöpflichen" *(Riedel 1994, S. 93).*

„Mit der Grünkraft des Wissens, der Wärme der Sinnenhaftigkeit sowie dem feuchten Tau der Weisheit werden alle Werke, ob gut oder böse, zur Erkenntnis des Menschen geführt, wie durch die Luft, das Grünen, die Wärme und Feuchtigkeit alle keimenden Früchte zu ihrer Reife gelangen" *(Lautenschläger 1993, S. 193).*

„Für alles Gesunde und Heile auf dieser Welt, für das, was die Griechen ‚holon' nannten, die Araber ‚salam', die Lateiner ‚integritas', bringt Hildegard in ihrer symbolisch verschlüsselten Sprache nur dieses eine Wort: *viriditas.* Dieses Grün lebt in der Flamme, schillert in den Gewässern, feuchtet im Stein, weht in der Luft. Grün ist gezeugtes Licht, das alle Natur kocht zu goldener Reife" *(Schipperges 1981, S. 87).*

„All unser Gesunden gründet nach Hildegard im Wiederanschluß an die viriditas, das Grün" *(Riedel 1994, S. 16).*

„Der Begriff Viriditas meint gleichsam der Schöpfung innewohnende Selbstheilungs- und Genesungskräfte, die die Regulierung und Wiederherstellung der gestörten Ordnung zum Ziele haben" *(Lautenschläger 1995, S. 82).*

1.3. Qi – Bogenführung der Lebens-Energie

Qi ist das Nennbare, das Bennenbare, das Machbare mit all seinen Grenzen und Qi ist das Geheimnis mit vielen Namen und doch namenlos, das sich letztlich nur in der Absichtslosigkeit als Geheimnis erschließt. Das beständige Nichtbegehren führt zum Betrachten seiner Geheimnisse, das Namenlose ist des Himmels und der Erde Ursprung (nach Lao Tse, S. 45).
Wo Hildegard von Bingen die Grünkraft besingt, umjubelt, ist die Lebens-Energie, das Qi im Geheimnisvollen der Leere, des Unbeweglichen letztlich nicht faßbar. Wir kennen in der christlichen Prägung Gott als den unbeweglichen Beweger und treffen in der Leere der Radnabe, in der sich die dreißig Speichen treffen, die Brauchbarkeit des Rades (Lao Tse, 11. Spruch, S. 65). Das Schöpferische entsteht aus der Leere – oder ist die Leere das Schöpferische, die Fülle? Wir kennen die Leere als Mangel und als Fülle. Hier meinen wir die Leere im Wandel zur Fülle. Qi als Lebens-Energie, entsprechend Viriditas als Grünkraft, entsteht aus der Ruhe, der Stille, wird bewegt im Qi-Gong und kehrt wieder zum Ursprung zurück; auch das ist Wandlung.
„Das Tao entstand aus Leere und Leere formte das Universum. Das Universum gebar das Qi“ (in: Maciocia 1994, S. 40, nach Huai Nan Zi, ca. 122 v. Chr.). „Qi ist eine Materie in der Welt, die alle Veränderungen verursacht … Alle Enstehungsprozesse und Vergehensprozesse kommen von Qi“ (Bölts [2]1994, S. 32). Qi ist als allgemeiner, umfassender Begriff der Lebens-Energie, des Kosmos zu sehen und konkret als Lebens-Energie im Menschen und allen Wesen, Pflanzen, Steinen, Elementen – ähnlich dem Vorhandensein und Wirken von Viriditas. Grundlage dieser Sicht ist die Einheit von Mensch und Kosmos, von der Ganzheit im Universum, von der Ganzheit des Menschen.

Einige Wortwurzeln:
Die Bedeutung von Qi läßt sich durch kein Wort unserer Sprache erschöpfend wiedergeben. So reicht die Bedeutung von Dampf, Gas, Hauch, Luft über Atem, Energie, Lebenskraft, Vitalität bis zu sehr allgemeinen Begriffen wie Aktivität, Einfluß, Funktion (nach Jiao [4]1995, S. 16).
„Das Schriftzeichen für Qi zeigt uns, daß es etwas gleichzeitig Materielles und Immaterielles ist:

氣 Qi

气 bedeutet ‚Dunst‘, ‚Dampf‘, ‚Gas‘

米 bedeutet (ungekochter) ‚Reis‘

Das zeigt deutlich, daß Qi einerseits so dünn und immateriell wie Dunst, andererseits so dicht und materiell wie Reis sein kann. Es impliziert auch, daß Qi eine feine Substanz (Dunst, Dampf) ist, die aus einer groben (Reis) entsteht, genauso wie sich beim Kochen von Reis Dampf bildet. (Maciocia 1994, S. 39). Das zweite Zeichen (Dunst...) symbolisiert auch die aufsteigende Energie, zugleich hat es die Bedeutung des Anflehens. „Es stellt nämlich einen knienden Menschen dar, der seine Hände flehend (betend) nach oben reckt". (Wenzel 1995, S. 72). Das untere Zeichen stellt den materiellen Aspekt von Qi durch Getreidekörner dar, meist als Reis gedeutet (nach Wenzel 1995, S. 72). Begrifflich zusammengefaßt: „Das gesamte Schriftzeichen enthält in seiner Bildhaftigkeit die Bedeutung: Dampf steigt auf von heiß gekochtem Reis, und beschreibt damit den nährenden Aspekt von Qi. Es enthält auch den spirituellen Aspekt ‚anflehen', der sich aus der ursprünglichen Bedeutung dieses Zeichens für als ‚Gastgeschenk Proviant überreichen', um eine wohlwollende Aufnahme zu erbitten, entwickelt hat" (Bölts ²1994, S. 31). Verblüffende Ähnlichkeiten entdeckten wir im Visionsbild Hildegards „Treue in der Versuchung" (Tafel 6, Schau 1, 4, in Bonn 1997, S. 31) in der knieenden Gestalt. Der Mensch kann sich aus eigener Kraft nicht befreien. „Die entscheidende positive Wende tritt ein, wenn er sich seines Ursprungs in Gott erinnert ... Von Gott werden dem Menschen nun Kräfte (Flügel) geschenkt ..." (Bonn 1997, S. 30).

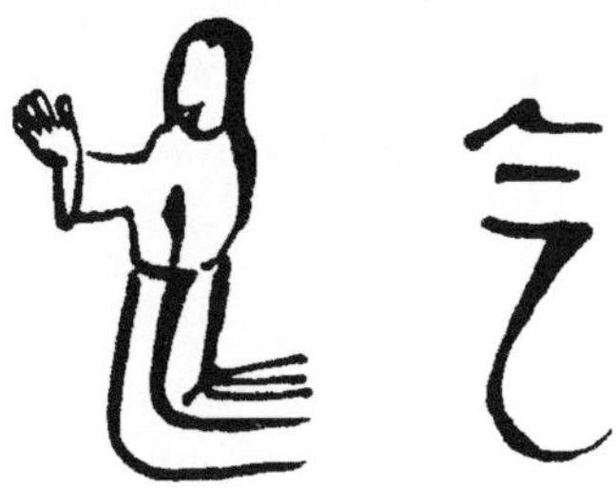

„Der Begriff Qi umfaßt in seiner heutigen Bedeutung die lebensspendende und die lebenserhaltende Funktion von Qi, wie auch die Bezogenheit aller Dinge im Kosmos aufeinander; beide Bedeutungen sind untrennbar miteinander verwoben. Auch wenn Qi heute noch nicht wie ein Stoff erkennbar und analysierbar ist, so ist es doch durch sein Wirken existent und wahrnehmbar", (Bölts ²1994, S. 31). Im QiGong gibt es Übungen, die die Rückkehr zum Ursprung meinen, zur uranfänglichen Kraft im Sinne des Wiederanschlusses an eine alles umfassende Kraft, entsprechend Viriditas und der Wiederherstellung der gestörten Ordnung oder entsprechend der Erinnerung seines Ursprungs in Gott.

„Der Begriff ‚Gong' kann mit Arbeit, Disziplin, Vermögen, Geschick und Erfolg übersetzt werden. Er beinhaltet ebenso besondere Fähigkeiten, die sich in der Ausführung einer Handlung widerspiegeln. Man kann mit Gong aber auch eine ehrenhafte Handlung, eine Wohltat und eine *Tugend* (Hervorhebung d. Verf.) bezeichnen." (Bölts ²1994, S. 37). Wir verweisen auf unsere bereits gemachten Ausführungen dazu.

QiGong-Übungen werden, besonders im westlichen Bereich, zunehmend ohne diese philosophisch-religiösen Hintergründe und Lebens–Entwürfe angeboten. Damit wird der Heilungsaspekt abgetrennt von der gesamtgeschöpflichen Sicht und Verflochtenheit. QiGong-Übungen werden dadurch entleert zur technischen Bewegungskunst. Qi zu üben, ist der Weg, QiGong-Übungen sind das Fahrzeug dazu. – Eine ähnliche Entwicklung sehen wir bei der Vermarktung von Hildegard, wenn ihre Heilmittel, ihre Rezepte, Heilkräuter abgetrennt werden von ihrer Glaubens-, Welten- und Heilkunde.

„Als *oberste* und wichtigste *Stufe* des taoistischen *Heilens* wurde Religiosität angesehen – im Sinne des lateinischen Wortes ‚religio', das Rück-Verbindung, Verbindung zur Wurzel oder Verbindung zum Ursprung bedeutet. Eine der vordringlichsten Aufgaben des Heilkundigen war und ist es, seinen Patienten einen Zugang zur Innenwelt zu eröffnen, einen Zugang zu einer Spiritualität, die das Wissen um die Sinnhaftigkeit von Leben, Krankheit und Tod mit einschließt" (Eckert 1996, S. 13).

In der Wortwurzel von Viriditas ist virga = Reis, Sproß enthalten. In einigen Liedern von Hildegard tauchen Reis, Korn auf, z.B. in:

O viridissima virga Ave, oder: O virga ac diadema, An Maria, Sequenz (s. CD, Hildegard von Bingen, Gregorianische Gesänge).

Im chinesischen Zeichen von Qi sind Reis/Getreidekörner. Das Korn, der Reis wird durch die Umwandlung des Kochens oder als Samenkorn als nährende und keimende Substanz gesehen, konkret in der Nahrung für den Menschen oder als Keimungskraft, die Neues hervorbringt, oder als QiGong-Üben, QiGong-Meditation, die Lebens-Energie zum Fließen bringt *und immer* als spirituelle Nahrung für die Seele, den Geist, damit auch für den Leib durch die Anbindung, Rückbindung an den Ursprung, Gott, Sein.

1.4. Ursprüngliches Licht – QiGong – Praxiserfahrung

übermittelt von Prof. Cong, China
aufgezeichnet in dieser Form und kommentiert von Hilda-Maria Lander

Traditionell werden QiGong–Formen ohne Musik geübt, jedoch kann Musik gegen Ende der Übung begleiten. Es kann jede tragende, ruhige Musik genommen werden.

Unser Musikvorschlag:
Divine Love (Karitas Habundat), auf CD Vision, The Music of Hildegard von Bingen, Angel CDC 7243 5 55423 2 oder: Ave Maria, auf: CD, To you, Giora Feidmann, Pläne 88795; oder:

Adagio aus Konzert D-Dur von John Baston, auf CD: R. Zapf, Festliche Hackbrettmusik, 1948 2
Die Übung ist im Sitzen, Stehen und in vereinfachter Form im Liegen möglich.

Einstimmung:
wichtig: Füße stehen parallel schulterbreit, leicht im Knie gebeugt, Hände aufs Dantian (3 cm unterhalb des Bauchnabels) übereinander legen, sich sammeln, zur Ruhe kommen.

Bewegungsfolge:
sich genügend Zeit lassen

Den Mond in Händen tragen

1. Wie bei Einstimmung beide Hände übereinander auf das Dantian legen; Daumenkuppen berühren sich; Hände vor dem Dantian so drehen, daß die Handinnenflächen nach oben zum Himmel schauen

Die Perle
des Dantian drehen

2. Hände auseinanderziehen, als wären sie mit unsichtbaren Gummifäden verbunden; beide Hände vor dem Körper nach vorne oben bewegen, bis auf Herzhöhe, dann drehen, so daß die Handinnenflächen zur Erde schauen

Stehen
wie ein Krieger

3. Hände zum Körper seitlich heranziehen, die Fingerspitzen nach vorne;
Anspannung im ganzen Körper, Handinnenflächen werden nach oben gedrückt, die Zehen in den Boden krallen, den Scheitel zur Decke strecken, den Himmel stemmen, Steißbein nach unten

Loslassen, Verbindung zur Erde

4. Genüßlich entspannen, Hände so drehen, daß die Fingerspitzen zur Erde nach unten schauen, Verbindung zum Boden und zu den Füßen

Tigermaul von Horizont zu Horizont

5. Daumen und Zeigefinger krümmen sich etwas, wie ein Tigermaul, Hände heben sich mit Tigermaul seitlich hoch bis Schulterhöhe
Hände setzen sich, entspannen, Fingerspitzen von Horizont zu Horizont denken

Sonne und Mond tragen; nach oben tragen

6. Hände drehen sich, Finger für Finger, mit dem kleinen Finger beginnen bis Handinnenfläche nach oben schaut; Innere Vorstellung: in einer Handfläche entsteht die Sonne, in der anderen der Mond; Hände nach oben heben

Sonne und Mond vereinen zum Ursprung (Dantian) zurückführen

7. Beide Hände zusammenführen, entweder über dem Kopf vor der Stirn zu einem Segensdach  die Hände führen oder zur Gebetshaltung;
Hände nach unten vor dem Körper, die Energie-Säule nach unten senken bis zum Dantian; Hände aufs Dantian legen

Bewegungsfolge wiederholen, 3 ×, 6 ×, 9 ×, je nach eigenem Gutdünken.

Abschluß wie Einstimmung; danach sich sammeln, bewußt weggehen und wach aus den Augen schauen.

Erfahrungsmöglichkeiten:

- Auf der Ebene der Lebens-Energie sind wichtige Akzente, wie Öffnen und Schließen, Heben und Senken, Weiten und sich in der Mitte treffen, Verbindung von Gegensätzlichkeiten, ohne sie aufzulösen, Anspannung und Entspannung, Ruhe und Bewegung, meist kosmische Vorstellungsbilder.
- Nach längerem Üben kann das „ursprüngliche Licht" wie eine Essenz-Übung wirken, also besonders stärkend und nährend, die Abwehr- und Selbstheilungskräfte unterstützend.
- Das „ursprüngliche Licht" enthält kosmische Akzente, verwoben in die Bewegungen, wie Sonne und Mond tragen, sie vereinen, von Horizont zu Horizont sich ausspannen, Energien werden zwischen dem Menschen und dem Kosmos ausgetauscht.
- Die Vorstellung „Stehen wie ein Krieger" brachte uns zunächst Schwierigkeiten. Krieg wollen wir nicht, also brauchen wir ihn nicht zu pflegen. Es geht jedoch nicht um kriegerische Zerstörung, sondern die Übung soll nach chinesischer Sichtweise die unguten Taten der Übenden und die krankmachenden Einflüsse „bekämpfen", sie abwehren. In dieser Bewegung wird Energie durch Anspannung gesammelt und bei der Entspannung wieder umverteilt, zur Stärkung der Widerstandskraft. „Stehen wie ein Krieger" kommt vermutlich aus der Kampfkunst, in einer Zeit entstanden als die Bauern in China keine Waffen tragen durften, sich jedoch verteidigen mußten, nur mit ihren Körperkräften. Bei der chinesischen Kampfkunst liegt die Betonung auf Kunst, beim europäischen Kampfsport meist auf Kampf.
- Bei Hildegard von Bingen finden wir durchaus kämpferisches Vokabular. Ihrem Namen, Hildegard = Ort der Entscheidung des Kampfes, machte sie Ehre, jedoch nicht mit Kriegswaffen. Hildegard war schwächlich und gleichzeitig kämpferisch, kränklich und doch widerstandsfähig.
- Zurück zum Ursprung, zum ursprünglichen Licht, zur Stille und Schöpfungskraft, bedeutet Stärkung durch das Qi. Das Wesentliche dieser Qi-Gong-Form besteht in der Vorstellung, zurück zum Ursprung, sich anbinden an die Wurzeln der Lebenskraft, der uranfänglichen Energie und Schöpfungskraft, auch der religiös-orientierten Rückbindung oder der Erinnerung des Menschen an seinen Ursprung Gott (nach Bonn). Die Heilkraft besteht auch in dieser Vorstellung, die in die Bewegung integriert werden kann.
- „Von dem Grün nun ist nichts Geringeres zu sagen als dies: Es ist das Lebensprinzip, ‚das wurzelt in der Sonne'. Die Sonnenmutter selbst ist seine Ahnfrau – oder: das göttliche Licht" (Riedel 1994, S. 163).

Bölts, Johann, QiGong – Heilung mit Energie, eine alte chinesische Gesundheitsmethode, Herder Spektrum, Freiburg/Br. [2]1994
Bölts, Johann, Das Dayoyin-QiGong, Chinesische Übungen zur Pflege der Gesundheit, Hessische Universität Oldenburg, 1993
Bölts, Johann/Bretschner W./Zhang G., Dao Yin Yang Sheng Gong, Qi-Übungen zur Pflege des Lebens, Universität Oldenburg, 1996
Bonn, Cäcilia, Im Herzen der Schöpfung, Meditationen zu Miniaturen aus den Werken von Hildegard von Bingen, Pattloch Verlag, Augsburg, 1997
Eckert, Achim, Das Tao der Medizin, Haug-Verlag, Heidelberg 1996
Jiao, Guorui, Die 15 Ausdrucksformen des Taiji-QiGong, MLV, Uelzen [4]1995
Konermann, Bernward (Hg.), Hildegard von Bingen, Ordo virtutum, Spiel der Kräfte; das Schau-Spiel vom Tanz der göttlichen Kräfte und der Sehnsucht des Menschen, Pattloch-Verlag, Augsburg 1991
Lao Tse, Tao-Te-King, Das Buch vom rechten Wege und von der rechten Gesinnung, Übersetzung, Einleitung, Erläuterungen von Jan Ulenbrook, Ullstein-Verlag, Frankfurt/Main [5]1990
Lautenschläger, Gabriele, Die schöpfungstheologische Bedeutung der Grünkraft (Viriditas) im Werk Hildegard von Bingen, in: Die beiden Türme – Niederaltaicher Rundbrief Nr. 68, 2/1995, Zitat * 3, Sc III 1/213
Lautenschläger, Gabriele, Hildegard von Bingen, Die theologische Grundlegung ihrer Ethik und Spiritualität, Fromman-Holzboog-Verlag, Stuttgart, 1993; Zitat-Quellen innerhalb der Zitate, die wir ausgewählt haben; Reihenfolge nach unserer Zitat-Reihenfolge: * 148 CaCu 306; * 120 CaCu 84 = Pk 30; * 149 Sc II 1/224 = Sp 576 CCCMXLIII A 345, 606 f.: in recta intentione sonum opus, * 150 LVM IV 28/191 = P 156; * 151 LVM IV 24/274 = P 229;
Zu den Abkürzungen:
CaCu = Heilkunde. Das Buch von dem Wesen und der Heilung der Krankheiten (Causae et Curae), übers. u. erl. v. H. Schipperges, Salzburg, [4]1981
PK = Hildegardis Causae et Curae, hg. v. Paul Kaiser, Leipzig 1903
Sc = Scivias, hg. A. Führkötter/a. Carlevaris, Turnhout 1978
LVM = Der Mensch in der Verantwortung. Das Buch der Lebensverdienste (Liber vitae meritorum) übers. u. erläut. v. H. Schipperges, Salzburg 1985
LDO = Welt und Mensch (Liber divinorum operum) übers. u. erläut. v. H. Schipperges, Salzburg 1965
Maciocia, Giovanni, Die Grundlagen der Chinesischen Medizin, Übersetzung Dr. Andreas Höll, Verlag für TMC, Kötzting 1994
Riedel, Ingrid, Hildegard von Bingen, Prophetin der Kosmischen Weisheit, Kreuz-Verlag, Stuttgart 1994, Zitat-Quellen innerhalb unserer Zitate: * 22, Schipperges, Hildegard von Bingen, Ein Zeichen für unsere Zeit, S. 89 * 10, Schipperges, w. o., S. 89
Schipperges, Heinrich, Hildegard von Bingen, Verlag C. H. Beck, München 1995
Schipperges, Heinrich, Hildegard von Bingen, Ein Zeichen für unsere Zeit, Knecht-Verlag, Frankfurt/Main 1981
Schmidt, Wolfgang, G.A. Die alte Heilkunst der Chinesen, Ihre Kultur und ihre Anwendung, Herder, Freiburg 1992
Wenzel, Gerhard, QiGong, Quelle der Lebenskraft, Ed. TAU, Sauerbrunn 1995
CD, Hildegard von Bingen, Gregorianische Gesänge, aus Messe und Offizium, Ars Mundi 0942–2, Freiburg/Br. 1990

2. Visionen – Erlebnis des offenen Auges
– Kosmos-Mensch im Prisma der Bildtöne und Tanz des Rades

Wir wollen den Erlebnis-Charakter des Schauens der Hildegard von Bingen vertiefen und verschiedene Zugänge anbieten:

- das Wort zur Einführung und Hinführung
- das Bild: der Kosmos-Mensch zur Versenkung
- Meditation und Erklärung des Bildes
- die Poetik der Bewegung durch QiGong-Bewegungsmeditation und Tanz

2.1. Die Wachheit in verschiedenen Wirklichkeiten
– Visionen bei Hildegard von Bingen

In unserem knapp skizzierten Lebenslauf Hildegards von Bingen (Kap. II) wird deutlich, daß sie bereits als Kind „Schauungen" hatte und in ihrer kindlichen Unbekümmertheit meinte, jeder Mensch hätte solche „phantastischen" Wahrnehmungen. Freudig und schmerzhaft mußte sie ihre besondere Gabe, besonders ausgeprägt erfahren – und sie ging lange ins Schweigen damit. „Die Kraft und das Mysterium verborgener, wunderbarer Gesichte erfuhr ich geheimnisvoll in meinem Innern seit meinem Kindesalter, das heißt seit meinem fünften Lebensjahre, so wie auch heute noch. Doch tat ich es keinem Menschen kund, außer einigen wenigen, die wie ich, im Ordensstande lebten. Ich deckte alles mit Schweigen zu bis zu der Zeit, da Gott es durch seine Gnade offenbaren wollte" (Hildegard von Bingen, Scivias, Böckeler 1987, S. 89). Hildegard klärt, in welcher Weise sie ihre Vision erhält:

„Die Gesichte, die ich schaue, empfange ich nicht in traumhaften Zuständen, nicht im Schlafe oder in Geistesgestörtheit, nicht mit den Augen des Körpers oder den Ohren des äußeren Menschen und nicht an abgelegten Orten, sondern wachend, besonnen und mit klarem Geiste, mit den Augen und Ohren des inneren Menschen, an allgemein zugänglichen Orten, so wie Gott es will. Wie das geschieht, ist für den mit Fleisch umkleideten Menschen schwer zu verstehen" (Hildegard von Bingen, Scivias, Böckeler 1987, S. 89).

Hildegard sieht also offenen Auges und nicht „bewußt-los" in einem Tran, sie erleidet auch nicht die Bewußtlosigkeit einer Ekstase, wie sie sagt. Die Vorstellung von Ekstase ist unterschiedlich, auch heute noch. Ekstase wird teilweise als Verlust der Realität gesehen (Sufismus) oder die Auflösung des Geistes während der Ekstase (s. Clement 1993) oder gar als Resultat einer Migräne-Attacke (s. Sack 1994, S. 224). Hildegard spürte selbst, wie nah,

grenzdurchlässig Vision, Wunder und Wahnsinn sind. – „Ekstase ist ein religiöses Erlebnis im und am eigenen Leib und stellt einen nicht-alltäglichen Bewußtseinsstand her“ (Goodman, 1989, S. 13), immer mit einem bewußten Bein in der Alltags-Realität. Was man visualisiert, bewußt herbeiführt, ist die eigene Schöpfung. In einer Vision sieht man die andere Wirklichkeit, etwas, das sich ‚da draußen‘ befindet“ (Goodman 1989, S. 97).
Vision enthält sicher eine andere Wirklichkeit, die auf dem Hintergrund der jeweiligen Person geschieht. Wir gehen nicht davon aus, daß Hildegard ein „Fernseh-Apparat Gottes“ ist, ständig bereit, abrufbar. Die Visionen von Hildegard sind keine Vorhersagen, was kommen wird, sondern Erklärungen und Wegweisung (nach Kerner [4]1995) in ihren Visions-Bildern. „Der Mensch, der dies schaut und im Schreiben weitergibt, sieht und sieht doch nicht; er spürt das Irdische und doch wieder auch nicht. Er trägt Gottes Wunderdinge nicht aus sich selbst vor, ist vielmehr davon so ergriffen, wie eine Saite durch den Spieler ergriffen wird, um ihren Ton nicht aus sich, sondern aus dem Griff eines anderen wiederzugeben“ (Hildegard von Bingen, Liber Vitae Meritorum, Schipperges 1994, S. 292f).
Hildegard hat eindeutig die besondere Gabe des Schauens, dazu kommen jedoch (nach Sudbrack) die Einflüsse der damaligen Zeit, die Persönlichkeit von Hildegard, ihre Bildung und ihre Gabe des Schreibens. Wir möchten uns weiter auf die Spur von Josef Sudbrack begeben und eine zentral wichtige Aussage herausgreifen: „... die gesamte Konzeption eines Weltbildes ist bei Hildegard so neuartig und originell, daß Einzelelemente nicht zur Erklärung eines so gewaltigen und dynamischen Weltentwurfes ausreichen. Es geht also zuerst um den Erlebnischarakter der Schauungen Hildegards“ (Sudbrack 1995, S. 15 mit Sichtweise von Schipperges). Hildegards „Erlebnismystik“ hat die kosmische Ganzheit als Grund-Inhalt, nicht eine individuelle Gottesbegegnung. „In ihrer Mystik bleibt Hildegard die ‚große Rationale‘. Sie sucht nicht die persönliche Erleuchtung, sie will nicht, wie die späteren Frauenmystikerinnen, mit ihrem Gott eins werden,“ (Kerner [4]1995, S. 55). Hildegard erlebt nicht nur ihre Visionen, sondern sie lebt darin, auch in den Zeiten der Nicht-Visionen.
Hildegards Schauungen umgreifen stets die drei Ebenen in Einheit:

- die kosmologische oder auch, in anderen Visionen, die gestalthafte Ebene (z.B. der Bau der himmlischen Stadt);
- die heilsgeschichtliche Ebene, wobei das Ganze des göttlichen Wissens und Wollens im Hintergrund gegenwärtig bleibt;
- die anthropologische Ebene, der Mensch in seiner inneren Verfaßtheit,“ (Sudbrack 1995, S. 130f).

Bei allem Grandiosen müssen wir auch sehen, daß letztlich eine Schau, eine Vision nie in ihrer erlebten Fülle nur über das Wort für andere transportierbar und transformierbar ist – ein letztes Geheimnis wird bleiben. „Es ist

kein Zufall, daß die Mystik, je näher sie der Erfahrung steht, um so deutlicher sich in poetischen und bildhaften Kategorien kundtut“ (Sudbrack 1995, S. 147). –
Und Hildegard bekam die Weisung, was sie sah, hörte, erlebte, aufzuschreiben, sichtbar werden zu lassen, kund zu tun.

2.2 *Kosmos*-Mensch <> Kosmos-*Mensch*
– Bild und Vision zur Versenkung, Er-klärung, Meditation

Über die Art des Zugehens und Erschließens
über das „Bild-Lesen“

Diese Art von Bild ist wie ein Buch, für das wir uns Zeit nehmen müssen, um es „lesen“ zu können. Die Frage, ob oder wie es uns gefällt, ist dafür kein Einstieg, sondern die Fragen:

1. Was sehe ich?
2. Was bedeutet das Bild?
3. Was bedeutet das Bild für mich?

Das vorliegende Bild stammt aus einer Reihe von Visionsbildern der Hildegard von Bingen (1098–1179). Mit offenen Augen schaut die Seherin. Das Bild erscheint ihr nicht im Traum, nicht in Trance, sondern in einem Zustand höchster Wachsamkeit, wachsamer Bewußtheit. Links unten sehen wir Hildegard „im Bild“. Sie sitzt auf einem Thronstuhl, das Schreibpult vor sich, in der rechten Hand den Griffel, spielerisch gehalten. Hildegard ist sitzend aufgerichtet und ausgerichtet und schaut „gespannt“ über sich hinaus. In einem Raum sitzend schaute sie in einen anderen Raum, wie von einer Wirklichkeit in eine andere wechselnd, d.h. ganz im Jetzt – weil sitzend, weil leibhaftig sitzend – erscheint ihr eine andere Dimension: Mensch und Gott begegnen sich, Himmel und Erde berühren sich.

Miniatur aus dem Lucca-Kodex

„De operatione Dei“	Welt und Mensch
der Kosmosmensch	der Kosmos: Mensch

O Mensch, schaue dir diesen Menschen nur recht an!
Himmel und Erde und das Gesamt der geschaffenen Welt
birgt der Mensch in sich.
Und so ruht im Menschen eingeborgen das All.

Der geschaffene Mensch ist da wie ein Ruf, ein Schrei,
eine Stimme: O wie kläglich und zugleich wunderbar

ist diese Stimme, weil Gott solch gebrechliche Gefäße
mit all seinen Wundern unter die Sterne versetzt.

Alles Irdische ist Sprache der Liebe geworden,
da das Wort aus Liebe Fleisch geworden ist.
Gottes Menschwerdung im Wort ist
die große Mitteilung seiner Liebe.
In diesem Wort hat auch der Mensch
das Gewand seiner Liebe.
So ist die Liebe mitteninne:
Im Wesen des Menschen ist sie wie im Walten der Gottheit.
Liebe ist immer in der Mitte,
und sie breitet sich aus wie eine Flamme.
Liebe ist die Mitte.

Wer die Liebe richtig erfaßt,
der wird weder in der Höhe noch in der Tiefe,
noch in der Breite danebengreifen.
Denn die Liebe ist inmitten.

Liebe übersteigert und überstürzt nichts,
sie versteigt sich nicht in die Höhe
und nicht in die Tiefe,
sie zerstreut und zerfließt nicht,
weil sie im Kern von allem Sein bleibt.
In der Liebe schließt sich der Lauf der Welt.

Mitte aller Welt ist das Herz!
Freue dich, denn der Herr hat dich so in der Hand,
daß du dich in keiner Weise auf die eigene Sicherheit
zu stützen brauchst.

Freue dich, weil Gott dich liebt.

(aus: Hildegard von Bingen, o.J.) Die Texte sind mit freundlicher Genehmigung des Otto Müller Verlages, Salzburg, entnommen aus: „Welt und Mensch“, „Briefwechsel“, „Geistliche Gesänge“.

1. Was sehe ich?

Ein Kreisbild – viele Kreise – Konzentrische Kreise

1 Mensch	1 Mitte	Farben:	Gold
2 Gestalten			Rot
3 Köpfe			Blau
4 Himmelsrichtungen			Schwarz
5 das Fünfeck im Menschen – Pentagramm			Weiß/Grau

6 Konzentrische Kreise/Sphärenringe — Braun
7 setzt sich zusammen aus 6 + 1, 6 Kreise überhöhen sich in die Mitte – in die 7. — Fleischfarben

Ich sehe einen: Leib – einen großen Leib – große Leiblichkeit, Tierköpfe, verschiedene Tierköpfe, Wassertiere, Erdtiere;
Sterne – von Sternen und Tierköpfen gehen Strahlen aus, geht Strahlung aus und erfaßt „wie in einer Vernetzung“ alle Bildteile – eine starke „Senkrechte“ steht ins Bild: Ein bärtiges Gesicht sprengt den Bildrahmen nach oben, davor eine Art Feuergesicht, eine feurige alles umschließende umarmende, im ganzen Bild stehende Gestalt, davor in den konzentrischen Kreisen eine nackte Menschengestalt und die Füße des Feuerleibes stehen auf dem unteren Bildrand.
Ein Lichtnetz breitet sich vom Mund der Feuergestalt aus und berührt und durchdringt alle Teile/Bestandteile. Das Bild hat einen Gold-Hintergrund, einen Gold-Grund, der äußere Kreis ist wie ein lodernder Feuerkreis, der nächste Kreis lodert in schwarz in den äußeren Kreis hinein, ein blauer Kreis schließt sich an, ein welliger Kreis danach und ein intensiver schmaler heller Kreisraum/Raumkreis mit wolkenähnlichen Gebilden und schließlich ein starker brauner Innenkreis (die Mitte).
Der nackte Mensch in der Mitte steht aufgerichtet (homo erectus), er steht mit ausgespannten Armen und greift aus und greift ein und ich sehe: Alles ist miteinander und untereinander – alles ist mit allem und allen verbunden.

2. Was bedeutet das Bild?

In einen festgesetzten Rahmen, in einen festgelegten Raum, in eine meßbare Wirklichkeit bricht ‚es‘ ein, und auf und aus. ‚Es‘ leuchtet auf in einer großartigen Schau, in einer geschenkten Vision: Auf Gold, dem göttlichen Urgrund wird der Vater-Gott sichtbar – er sprengt den Rahmen, tritt in die Zeit. Er spricht sich aus im Sohn ‚dem Menschen‘, dem aufgerichteten Menschen, der hier im Bild zum Dreh- und Angelpunkt der gesamten Schöpfung in greifbarer Leiblichkeit und Wirklichkeit erscheint. Und er greift aus und er greift ein. Der Vater und der Gott-Sohn (siehe Ähnlichkeit der Gesichtszüge) sind mit der Kraft der gottmenschlichen Liebe, einer jugendlichen Feuergestalt umarmt und gehalten. Und die ganze Schöpfung wird umarmt und ist gehalten mit feuriger Glut und lodernden Flammen.
Die gestaltgewordene Liebe sagt von sich:
„Ich, die höchste Feuerkraft, habe jeden Lebensfunken entzündet. Ich entscheide über die Wirklichkeit. Mit Weisheit habe ich das All recht geordnet.“
Von dem äußeren Kreis, dem Feuer-Rad, geht Bewegung aus nach innen und der Schwarz-Feuer-Kreis lodert zurück und der blaue Äther-Kreis kreist und formt sich zum Übergangskreis als wasserhaltige Luft, und die

weiße Klar-Luft schließt sich an, und die innerste Lufthülle schließt sich ein, und Wellen darin senden Wasserstrahlen, und es ergießt sich und flutet zurück, und es wehen die Winde, und alles Leben atmet und ist aufgebaut aus den großen Bausteinen: Feuer – Wasser – Luft und da – die Rad-nabe, die Mitte, der Kern: die Erde.
Und so zeigt uns die Bildsprache, daß der Mikrokosmos und der Makrokosmos aus den gleichen Bausteinen besteht. Und alles und alle stehen in unentwegter Beziehung und bedingen einander.
Der Drei-Gott, der dreifaltige Gott, ist Beziehung, und der Mensch und die Schöpfung sind „nach unserem Bild und Gleichnis" ein Spiegelbild, d.h., eine Beziehungsschöpfung aus dem gebärenden Schoß/Urgrund gezeugt.
Das Wort Ant-Wort erhält im Sohn – im Menschen – und so ist der Mensch in die Ver-ant-wort-ung für alles genommen.
„Alles antwortet einander, alles hält einander in einem von Spannung erfüllten Feld."
In diesem Visionsbild eröffnet sich ein neuer Zugang zur Weltenkunde – Glaubenskunde und Heilkunde durch Hildegard von Bingen. In konzentrischen Kreisen, im Rad und wie in einer „Fruchtblase" kommt uns der Code des Lebens entgegen als Grundordnung und Prinzip als verdichtetes

Gotteswissen
Menschenwissen
Heil(s)wissen

durchnetzt, durchatmet, durchwebt, durchlodert, durchflutet, durchglüht, durchweht, durchnäßt, durchglutet, durchkreuzt, durchordnet, durchstrahlt, durchrädert, durchästet, durchleibt, durchseelt, durchgeistet/durchgeistigt, durchwindet, durchlebt, durchgöttlicht, durchspannt, durchmessen, durchdrungen, durchschaut, durchstanden, durchgoldet, durchklart und umarmt und ewig durchliebt.

3. Was bedeutet das Bild für mich?
Was bedeutet mir das Bild?

Hier sind die Leser und Leserinnen eingeladen, das Visionsbild noch einmal für sich und immer wieder neu zu lesen und die gestellte Frage für sich zu beantworten.

2.3. Handherz und Himmelsgrenze
– Kosmos-Mensch in der Poetik der Bewegung

– Bewegungsmeditation aus QiGong. Idee, Entwicklung, Aufzeichnung: Hilda-Maria Lander, orientiert an der Vision Hildegards: Kosmos-Mensch und Farbtafel Kosmos-Mensch/Kosmos-Rad (Genter-Codex)

Bewegungsgrundlage sind Formen aus QiGong (Peng Wi Guan Ding und Ba Fan Huang) und TaiChi (8-Brokat-Übung, 18-fache Bewegungen, Tai-Chi Chu'ang).
Wir möchten die anfangs erwähnten poetischen und bildhaften Erfahrungen erweitern mit der Poetik der Bewegung, der Körpersprache und Körpererfahrung. Diese Sinn-Ebene ist über das nur gesprochene, geschriebene Wort so nicht faßbar, nicht einfaßbar. Mit dieser Bewegungsform können wir einen Lidschlag lang die unsichtbare Tiefe des Wassers erspüren, die eingefaßt ist in einem Brunnen in der Wüste.
Traditionell werden QiGong-Formen ohne Musik geübt, Musik kann gegen Ende die Übung begleiten. Es kann jede tragende, ruhige Musik verwendet werden.

Unsere Musikvorschläge:
Divine Love (Karitas Habundat), CD Vision, The Music of Hildegard von Bingen 1995, Angel-Record, EMT, CDC 7243–5–55423 2 8; oder:
Ubi caritas, CD Wach im dunklen Garten, von Enrico Intre, Kreuz-Verlag 3-7831-1286-9

Die Bewegungen sind im Sitzen, Stehen und in vereinfachter Form im Liegen möglich. Die Bewegungsfolge gliedert sich in drei Hauptteile:
- A – Erde und Himmel verbinden
- B – Handherz zur Himmelsgrenze bringen
- C – Sonne und Mond tragen

Je nach Musiklänge entsprechend wiederholen
Es kann auch nur Teil A oder nur Teil C bewegt werden oder in Kombination Teil A und B oder Teil C und B.
Langsame, behutsame und hinter-gründige Zugangsweise zu den Bewegungen ist wichtig.
Zu jeder QiGong-Übung gehören Einstimmung, Bewegungsfolge und Abschluß. Es gibt verschiedene Möglichkeiten – unser Vorschlag:

Einstimmung:

Füße stehen parallel schulterbreit, leicht im Knie gebeugt, Hände aufs Dantian (3 cm unterhalb des Bauchnabels) übereinander legen, sich sammeln, zur Ruhe kommen.
Grundstellung während der Bewegungsfolge: Die Füße stehen parallel, so breit wie die Schultern sind, Knie leicht gebeugt, Wirbelsäule angenehm gestreckt.

Bewegungsmeditation

Teil A: *Erde und Himmel verbinden*

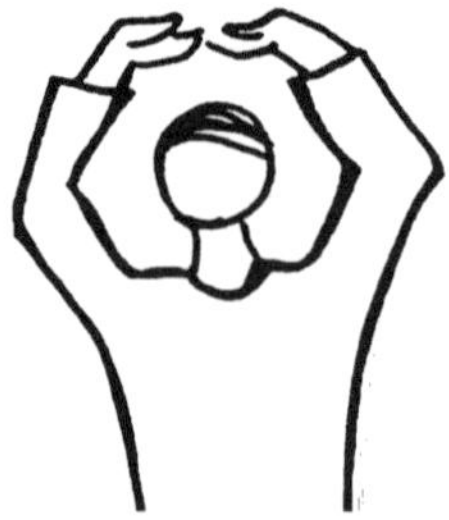

- Erde halten: Hände vor dem Dantian (3 cm unterhalb des Bauchnabels) zusammenführen, Handinnenflächen nach oben drehen, Hände bis auf Brusthöhe heben, wie Wasser schöpfen, Handinnenflächen nach unten drehen, Hände absenken, soweit wie es locker geht
- Himmel stützen: Handinnenflächen nach oben drehen, Hände heben bis Brustmitte, dann Hände nach vorne drehen, heben bis über den Kopf, Handinnenflächen sehen nach oben, Ellbogen leicht angewinkelt
- Wolkenteilen, den Regenbogen streicheln: Hände seitlich auseinanderziehen, seitlich in einem weiten Halbkreis nach unten führen bis zur Schulterhöhe

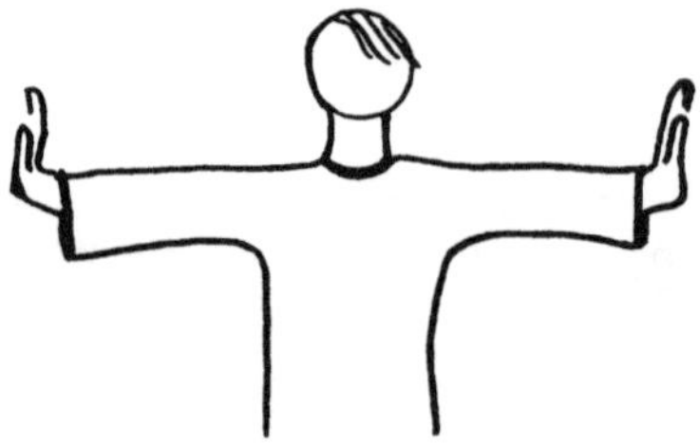

- Heranziehen und wegschieben: Hände sind seitlich aufgestellt; Hände zum Körper heranziehen, wie ein Gummiband von außen nach innen, dann mit Handballen wegdrücken nach seitlich außen, Hände sind dabei aufgestellt
- Hände auf Luftkissen zur Erde: Handinnenflächen absenken, wie auf ein Luftkissen ablegen, locker, und sich vorstellen, daß die Hände ausstreckend den Horizont berühren; Hände absenken, zum Dantian führen

Teil B: *Handherz zur Himmelsgrenze bringen*

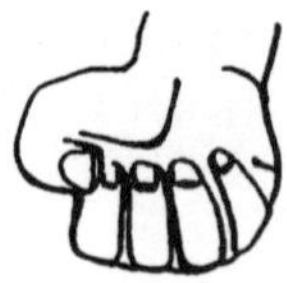

Arme auf Hüfthöhe anwinkeln, dabei eine lockere TaiChi-Faust schließen (Handherz, das Herz in der Hand), Handrücken schaut nach unten

- Rechte Hand vorwärts: beide Faust-Hände drehen sich im Handgelenk, so daß die rechte Hand nach vorne, die linke Hand nach hinten geschoben wird, dabei drehen sich Kopf und Wirbelsäule leicht nach links, während des Schiebens öffnen sich die TaiChi-Fäuste, so daß die Handinnenfläche nach vorne, bzw. nach hinten schaut, dabei aufgestellte Hand; Beide Hände wieder zur Ausgangsstellung zurück, angewinkelte Arme auf Hüfte

– Linke Hand vorwärts: derselbe Vorgang wie oben, jedoch geht die linke Hand nach vorne und die rechte Hand nach hinten; am Schluß wieder Ausgangsstellung

Teil C: *Sonne und Mond tragen*

– Tigermaul und Kranichflügel: Hände aus der Mitte seitlich auseinanderziehen, Daumen und Zeigefinger krümmen sich zum Tigermaul mit Spannung: Hände heben sich mit Tigermaul seitlich hoch bis Schulterhöhe, Hände „setzen“ sich auf Luftkissen, dabei entspannen, sie werden zu Kranichflügel, dabei in der Vorstellung von Horizont zu Horizont strecken, Ellbogen bleiben leicht gebeugt

– Sonne und Mond nach oben tragen: Hände drehen sich von hinten nach vorne, kleiner Finger beginnt, dann Finger um Finger, bis Handinnenflächen nach oben schauen; innere Vorstellung: in der einen Handfläche entsteht die Sonne, in der anderen der Mond, die beide nach oben getragen werden, dabei die Fingerspitzen in der Vorstellung nach oben „ziehen“ lassen; über dem Kopf werden beide Hände zusammengeführt, Sonne und Mond verbinden sich.

– Segen: Energie nach unten und vorne: Aneinandergelegte Hände nach unten zur Brustmitte, von dort nach vorne zur „Himmelsgrenze“, Hände öffnen, kleine Finger lösen sich zuerst, Handflächen nach unten, Hände zum Dantian zurücknehmen und übereinanderlegen.

Abschluß:

Dantian-Zentrieren wie bei Einstimmung, dann Hände vibrieren sanft auf dem Bauch, still werden, auch mit den Bewegungen, Hände lösen sich und hängen seitlich nach unten, wach aus den Augen schauen und vom Platz weggehen.

Die Kreativität der Langsamkeit: Be-Deutungsmuster

QiGong-Bewegungen sind zeitgedehnt, sanft, kraftvoll und mit geistiger Präsenz.

Zwei Zielschwerpunkte unterlegen wir dieser Bewegungs-Meditation.

- Die Vision, das Bild zur Betrachtung (s. Kap. 22), den Worten lauschend und über Bewegung uns vertiefen, eine behutsame Identifikation zum Kosmos–Menschen herstellen, mit den Möglichkeiten der Verantwortlichkeit und Begrenzungen. Grenzüberschreitend wird es durch die unterschiedlichen sinnenhaften Zugänge allemal sein.
- Die Bewegungen selbst, abgeleitet aus QiGong, können lebensstärkend, heilend sein; zu den technischen äußeren Bewegungen, die notwendig sind, können innere Vorstellungen dazu kommen, wie z.B. in den Überschriften angedeutet und zum Visionsbild in Beziehung gebracht.

Diese Übung beruhigt und kräftigt zugleich.

2.4. Lebensrad mit Tiger

– Kosmos-Mensch mit Rad und Bruder Tiger

Tanz

Idee, Entwicklung, Aufzeichnung: Hilda-Maria Lander, orientiert an der Vision Hildegards: Kosmos-Mensch und Farbtafel Kosmos-Mensch/Kosmos-Rad (Genter-Codex)

Hintergrund für den Tanz, Teil 1 ist die QiGong-Form „Das Lebensrad drehen aus Fan huang (s. Kap. III, 6.) und für Teil 2 „den Tiger bändigen“ ebenfalls aus der QiGong-Form Fan huang Gong, mündliche Überlieferung durch Prof. Cong, China, Manuskript in chinesisch, übersetzt von Dr. F. Dimmling für die Deutsche QiGong-Gesellschaft.
Die tänzerischen Formen sind als QiGong vereinfacht und mit tänzerischen Elementen aufbereitet.

Musik:
Jede mittelschnelle Musik, gut rhythmisiert; unser Musikvorschlag: Vision auf CD Vision, The music of Hildegard von Bingen, Angel CDC 7243 5 55423 2

Aufstellung:
Einzeln im Kreis oder Halbkreis, ohne Fassung; linke Hand mit Ringschluß liegt auf dem Rücken.

TANZ

Teil 1 — *Das Lebensrad drehen*

Taktteile

1–8 — Rechter Fuß beginnt, 8 Schritte in Tanzrichtung ↺ (oder 4 langsame Schritte), dabei Handführung:
- rechte Hand von rechts vor dem Leib zur linken Seite,
- weiter nach oben, oberhalb des Kopfes nach rechts

·· auf der rechten Seite absenken
·· von der rechten Seite nach links zur Leibmitte

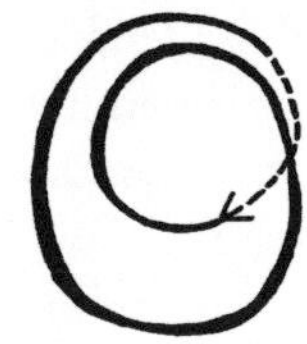

Anmerkung: falls sich die Tanzenden anfassen, wird das Lebensrad gemeinsam gedreht, also mit beiden Händen
9–32 wie Taktteile 1–8, also insgesamt 4 × Lebensrad drehen und gehen

Teil 2 *Den Tiger bändigen*

1–4 Rechter Fuß beginnt 4 Schritte vorwärts zur Mitte, ↑ dabei Hände nach vorne bewegen, Handinnenflächen schauen nach unten; es können auch Tigertatzen geformt werden mit etwas Spannung in den leicht gekrümmten Fingern

5–8 Rechter Fuß beginnt, 4 Schritte rückwärts zurück, ↓ dabei beide Hände zur lockeren Hohlfaust machen, Hände drehen, so daß die Handrükken nach unten schauen;
die Hohlfäuste zum Körper heranziehen bis zu den Hüften; Schultern sind dabei locker;

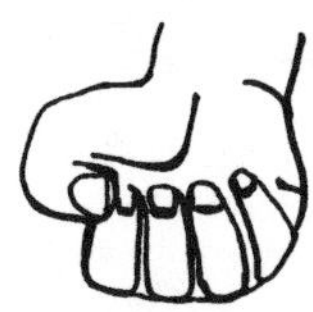

9–12 am Platz stehen, Hohlfäuste und Arme nach oben nehmen, dabei drehen sich die Fäuste im Handgelenk nach innen zum Körper, drehen nach außen und „stemmen“ sich nach oben bis über dem Kopf, Finger der Hohlfäuste schauen nach oben (das Handherz schaut nach oben)

13–16 Hohlfäuste in Bogenführung nach außen absenken, dabei Hände öffnen zur Tigertatze, bis zur Hüfthöhe absenken

17–32 wie Taktteile 1–16, also wiederholen

Von vorne mit Teil 1 beginnen, jedoch jetzt Kreis nach links mit linkem Fuß beginnen, dabei dreht die linke Hand das Rad nach rechts.
Bei jeder Wiederholung von vorne mit Teil 1 die Tanzrichtung und Rad-Drehrichtung wechseln, d.h. einmal nach rechts beginnen, einmal nach links, im Wechsel.
Variation: Es kann bei Teil 1 immer nach rechts begonnen werden.
Der Tanz ist auch im Sitzen möglich.

Be-Deutungen:
Teil 1: Das Lebensrad drehen:
Ähnlich den Ausführungen der QiGong-Form „Das Lebensrad drehen“, s. Kap. III, 6, Durch die Gehform und schnellere Rad-Drehung dürfte sich das Qi, die Energie dynamisieren; wichtig ist bei der Abwärts-Bewegung nach unten denken.

Teil 2: Den Tiger bändigen:
Es wird keine naturalistische Tiger-Imitation getanzt, sondern Elemente vom Wesen des Tigers ausgeliehen: Der Tiger ist außen stark und innen sanft; die Ruhe des Tigers kommt aus der Gewißheit seiner Stärke. Weitere Ausführungen siehe QiGong-Form „Tigermaul und Kranichflügel", Kap. III, 4. Wichtig ist am Ende von Teil 2 die Hände zu entspannen, damit die Energie nicht blockiert oder sich aus dem Leib ausleert. Der Wandel von spannen und entspannen ist wichtig als heilende Bewegung.
Der Tiger ist nachtaktiv, er jagt meist in den Bergen. Das symbolisieren die Takte 1–8 von Teil 2. Takte 9–16 sind eine Dynamisierung der Energie, eine Verdichtung und gleichzeitig der Höhepunkt der Bändigung. Es geht um das „Ordnen" der Energie, nicht um Unterwerfung. Den Tiger mit seiner Kraft und Sanftheit haben wir auch in uns. So ist es wichtig, die Kraft zu entfachen und zu bändigen.

Literatur

Clement, Catherine, Kakar Sudhir, Der Heilige und die Verrückte, Religiöse Ekstase und psychische Grenzerfahrung, Beck-Verlag, München 1993

Goodman, Felicitas, Ekstase, Besessenheit, Dämonen, Die geheimnisvolle Seite der Religion Gütersloher Verlagshaus, Gütersloh 1991

Goodman, Felicitas, Wo die Geister auf den Winden reiten, Trancereisen und ekstatische Erlebnisse, Bauer-Verlag, Freiburg/Br. 1989

Hildegard von Bingen, Wisse die Wege, Scivias, Nach dem Originaltext des illuminierten Rupertsberger Kodex der Wiesbadener Landesbibliothek ins Deutsche übertragen und bearbeitet von Maura Böckler OSB, Otto Müller Verlag, Salzburg 1987

Hildegard von Bingen, Der Mensch in der Verantwortung, Das Buch der Lebensverdienste – Liber Vitae Meritorum, nach den Quellen übersetzt und erläutert von Heinrich Schipperges, Herder-Verlag, Freiburg/Br. 1994

Hildegard von Bingen, Kleine Textauswahl „Alles Irdische ist Sprache der Liebe geworden" Beuroner Kunstverlag, o.J., mit dem Hinweis: Die Texte sind mit freundlicher Genehmigung des Otto Müller Verlages Salzburg, entnommen aus: „Welt und Mensch", „Briefwechsel", „Geistliche Gesänge"

Jiao, Guorui, Das Spiel der 5 Tiere, MLV, Uelzen 1992

Kerner, Charlotte, Alle Schönheit des Himmels, Die Lebensgeschichte der Hildegard von Bingen, Beltz-Verlag, Weinheim [4]1995

Manuskript: Fan huan Gong, Praxis der QiGong Heilmethode, von Abt. für Akupunktur und QiGong des Instituts für Traditionelle Medizin, von Fujian, China; zur Verfügung gestellt von Prof. Cong Yongchun, übersetzt von Dr. Friedrich Dimmling, 1996, im Auftrag der Deutschen QiGong-Gesellschaft e.V., 89165 Dietenheim, Zeughausweg 3/1, Bezug über diese Adresse

Mersmann, Wiltrud, Rosenfenster und Himmelskreise, Mäander Verlag, Mittenwald 1982

Riedel, Ingrid, Bilder in Therapie, Kunst und Religion, Kreuz Verlag, Stuttgart 1988

Sack, Oliver, Der Mann, der seine Frau mit einem Hut verwechselte, rororo, Reinbek 1994

Schwarzenau, Paul, Das Kreuz, die Geheimlehre Jesu, Kreuz Verlag, Stuttgart 1990

Sudbrack, Josef, Hildegard von Bingen, Schau der kosmischen Ganzheit, Echter Verlag, Würzburg 1995

Teilhard de Chardin, Pierre, Der Mensch im Kosmos, Beck Verlag, München 1994

3. Himmelsbrunnen – geortete Schöpfung
– Orte und Gewänder bestickt mit dem Geheimnis

Wir nennen das Unsagbare „Gott“;
wir nennen das Unsagbare den Gesalbten „Christus“;
wir nennen das Unsagbare ruah „Geist“;
wir nennen das Unsagbare Sophia „Weisheit“;
wir nennen das Unsagbare Grünkraft „Viriditas“;
wir nennen das Unsagbare, Namenlose Lebens-Energie „Qi“;
wir nennen das Unsagbare „Geheimnis“;
wir nennen was unbenennbar ist.

Das „Geheimnis braucht eine Form, die der Mensch zumindest andeutungsweise begreifen, ein Gewand, das er ergreifen kann“ (Schimmel 1993, S. 13). Der Logos legt den Kosmos an wie ein Gewand (nach Schimmel 1993, S. 10).
Makrokosmos, Mikrokosmos, Heilskosmos, Tugendkosmos – es sind griffige Aussagen bei Hildegard von Bingen. Und dennoch, sie weiß vom letztlich Unaussprechlichen, von den Gewändern Gottes, von den 70 000 Schleiern aus Licht und Finsternis (islam. Überlieferung, nach Schimmel 1993, S. 12).
„Kein vergängliches Wesen vermag Unvergängliches zu schauen, stellt Hildegard fest, deshalb ‚kleidet‘ sich die unvergängliche Gottheit in ihre Schöpfung als ein ‚Gewand der Weisheit‘. „Gott kann nicht geschaut werden, sondern wird durch die Schöpfung erkannt...“ (Lautenschläger 1993, S. 308).
Unsere Gewänder sind Worte, sind Orte, sind Bilder, Tänze, Bewegungsmeditationen, QiGong – sie offenbaren in ihren Bewegungen, in ihrem Durchfluten von Qi, von Lebensenergie, von Viriditas, und sie verhüllen, umspielen, und das Geheimnis stickt sich ein in die Gewänder tanzender Bewegungen. Der Himmelsbrunnen als Bild, Spiegel-Bild, Bild-Worte verweben wir mit den Bewegungen des Segenstanzes Himmelsbrunnen im Punkt 3.2.

3.1. Wir breiten aus: ge-ortet, ge-ordnet, zart-berührt

- Orte als Ab-Bild eines Ur-Bildes, wie Tempel, Theater, orientalische, chinesische Gärten, die Seele als Ort der Kräfte, der Mensch als Ort der Schöpfung, der Mikro-Kosmos im Makro-Kosmos, der brennende Dornbusch als Ort der Selbstaussage Gottes, Christus als Ort des Gesalbten, der von Gott Zart-Berührte (Hildegard von Bingen, Ordo Virtutum, Konermann 1991, S. 78), Orte des Lebens, Orte der Zentrierung wie ein Mandala, Orte des Heilens, Omphalos als Nabel der Welt zur Ortung für den Menschen im antiken Delphi und auf der ganzen Welt, Orte des Sakralen, des Heiligen, der Epiphanie, des Aufscheinens.

- Orte können konkrete Orte, universale Orte sein; Orte können Handlungsformen sein, Orte als Wirkungsmuster, Orte konkret und allumfassend, Orte als greifbar und unbegreifbar.
- Orte sind wie Gewänder, offenbarend und verbergend.
- QiGong-Üben im Sinne der Meditation ist in der Regel ein Dreier-Rhythmus auf Zeit und Ort bezogen:
  - Einstimmung: in das Haus des Qi bewußt eintreten oder in die Ruhe treten, sich sammeln, die 10 000 Gedanken zu einem Gedanken bündeln; nur aus der Ruhe, aus der Stille kann Qi, Lebens-Energie, die Schöpfung entstehen;
  - Üben im Sinne von „Exercitium", das Qi, die Lebens-Energie bewegen, im Hause des Qi verweilen, sich in Beziehung zum Kosmos und sich setzen;
  - Abschluß: aus dem Haus des Qi bewußt heraustreten, zuvor die Früchte der Energie einsammeln, wieder zur Ruhe, äußerer und innerer, kommen und konkret vom Platz des Übens weggehen, heraustreten aus dem Kreis, dem Haus des Qi.

Das Haus des Qi und das Haus des Betens dürften ähnliche Orte in ihrer Wirkkraft sein. QiGong-Übungen sind ohne das Ritual der Einstimmung, des Sammelns und der Ruhe zu Beginn und am Ende wenig wirksam. Der Leib als Tempel, als Haus des Qi, als Ort der Schöpfung – ein fruchtbarer, segensreicher Ort, erschaffen und geschenkt.

Wir nähern uns einigen Orten an durch Betrachtungsweisen, durch Bewegung, QiGong und Tanz. Wir wollen uns zart berühren, salben, darüber streichen lassen und wollen selbst Orte des Heilens schaffen, erschaffen.

3.2. Orte des Wortes, der Gewänder, mit verschiedenen Farben eingestickt:

- Kosmos (griech.) = Ordnung, Weltordnung
- Kosmos bei Hildegard von Bingen (nach Klaes, S. 80, 98, 102 in Führkötter 1987) als Ort im umfassenden Sinne, der Mensch als Ort der Schöpfung, Körper-Kosmos-Vergleich, Heils-Kosmos, Gebäude des Heils (Lautenschläger, S. 345), Tugend-Kosmos, die Seele als Mikro-Kosmos;
- Kosmos als Ort der Ordnung: „Jeder Teil hat seinen geordneten Kreislauf und keiner überschreitet die Sphäre des anderen" (Schipperges in Führkötter 1987, S. 4);

- Der Kosmos kann als System von Verhaltensweisen aufgefaßt werden (chinesische Sichtweise nach Malek, S. 40/41). Die Welt, der Kosmos ist eine Harmonie.
- Der Mensch als Ort, Inbegriff und Herz der Schöpfung, das eigentliche Werk Gottes (nach Konermann 1991, S. 8).
- „Der Mensch ist die Antwort auf die Welträtsel, wie die Welt die Antwort ist auf die ewige Frage ‚Mensch' … Mitten in diesem vielgliedrigen Weltenbau steht der Mensch. In konzentrischen Kreisen ordnen sich die kosmischen Sphären auf die zentrale Gestalt des Menschen hin" (Schipperges in Führkötter 1987, S. 2); wir verweisen auf Punkt 2.2. *Kosmos*-Mensch <> Kosmos-*Mensch*.
- Der traditionelle chinesische Garten ist typisch makro- und mikro-kosmisch konzipiert (nach Malek 1996, S. 44/45), ein Abbild der Ordnung des Universums, des Kleinen im Großen und das Große im Kleinen, im Unwirklichen das Wirkliche andeuten und umgekehrt.
- Verflochtenheit und Ausgewogenheit in der Weltenschau bei Hildegard von Bingen. „Ein Grundprinzip jedoch scheint durch alles hindurch: gegenseitige Ausgewogenheit, Gleichgewicht der Kräfte. Das Symbol der umfassenden Ordnung ist das Rad, als ‚rota volubilis', ein zu Hildegards Zeiten weit verbreitetes Motiv, das eigentlich auf die Unberechenbarkeit und Vergänglichkeit des menschlichen Schicksals hinweist. Hildegard deutet es durch den Zusatz ‚insolubiliter volubilis' um zu einem positiven Bild, das Bestand und Vollkommenheit und damit Göttlichkeit der Welt verkörpert", (Klaes in Führkötter 1987, S. 79).
- Zentrum und Peripherie als Orte der Verbindung, der voneinander abhängigen Gegensätze, ein Mandala (Kreis, Kreisbild) und die faszinierenden Kreisbilder bei Hildegard von Bingen in die ein Teil ihrer Visionen einbebildert sind. „Jedes menschliche Wesen strebt, sogar in seinem Unbewußten, dem Zentrum, so wie seinem eigenen Zentrum zu, das in die ganze Wirklichkeit die ‚Heiligkeit' verleiht… sie läßt eine bestimmte Situation hervortreten, die wir ‚Heimweh nach dem Paradies' nennen könnten" (Eliade 1986, S. 61 und nachfolgender Tanz „Sveti Ana").
- „Je weniger jedoch seitens der Wissenschaft eine Weltvorstellung geboten werden kann, desto mehr wächst ein existentielles Bedürfnis nach Orientierung im Ganzen des Kosmos, nach einer Gesamtvision, in der auch der Mensch seinen Ort und seine Aufgabe im Kosmos finden könnte … Aus der genannten Sehnsucht, dem Bedürfnis des modernen Menschen nach einer Existenz im Ganzen des Universums – die ohne eine Theorie, eine Anschauung des Ganzen nicht möglich ist – versteht sich auch die Faszination, die Hildegards ganzheitliche Weltschau auf uns Heutige ausüben kann" (Riedel 1994, S. 140).

3.3. Orte der Bewegung – spürbarer Viriditas und Lebens-Energie, Qi

Unterschiedliche Praxis-Ebenen und Wirkweisen, wunderschöne Gewänder des Unsagbaren, des Geheimnisses, des Bewegten im Unbewegten.

1 Sveti Ana – Heilige Anna

·· Ana/Anna > Großmutter, Ahnin von Jesus, Nana (Afrika) > Großmutter der Zeit

Idee und Ausführung von Hilda-Maria Lander,
angelehnt an den Tanz aus Bulgarien „Hubavi Sveti Georgio" vermittelt von Anna Illieva/ Anna Chartarbanova

Musik:
Anstelle der bulgarischen Musik (Frauengesänge), die derzeit im deutschen Handel nicht erhältlich ist, kann jede langsame, tragende Musik genommen werden, z.B. Dervorzhum auf spiritchaser von Dead can dance, MC RTD 120.2050.2

Aufstellung:
geschlossener Kreis, gefaßte Hände hängen nach unten, V-Haltung

TANZ
Rechter Fuß schräg links vorwärts, mit Gewicht ↖
Linker Fuß schräg links rückwärts, mit Gewicht ↙
Der Kreis geht nach links ↻
kleine Schritte, auch in der Seitswärts-Bewegung

Der Tanz wird von Frauen in Bulgarien zu Beginn und am Ende eines Festes, Tanz-Rituals getanzt. Sie wollen sich damit sammeln, zerstreute Energien bündeln, sie wollen aber auch den Platz für ihr Tanzen „herrichten", innerlich reinigen und segnen. – Es liegt eine große Kraft in diesem Ritual.
Der Tanz wird nach links getanzt. In der Symbolik des bulgarischen Original-Tanzes bedeutet dies, zu den „Ahnen" zurückgehen, die Vergangenheit einbeziehen, zum Ursprung zurück, unbewußt zum „Paradies". Die ursprüngliche Ahnenverehrung hatte sicherlich einen Einfluß darauf. – Im QiGong gibt es das „Ahnen-Qi" (Jiao 1994, S. 87), das identisch ist mit dem Lungen-Qi, das wiederum mit dem Himmel-Qi, der Himmelsenergie korrespondiert.
Wenn ich etwas zubereite, etwas schaffe, dann erschaffe ich es gleichzeitig. So können wir durch diesen Tanz einen Mikrokosmos, eine kleine Welt erschaffen, um darin – zeitlich begrenzt – zu leben, ihn wieder zu verlassen, also bewußt in diesen Ort eintreten, verweilen und wieder heraustreten, ähnlich dem Haus des Qi.

Nach Eliade (1986, 42ff) ist jedem Mikrokosmos, jeder bewohnten Region, jedem Platz etwas zu eigen, was man als *Zentrum* bezeichnen könnte, „eine im eigentlichen Sinn geheiligte Örtlichkeit". Innerhalb dieses Zentrums manifestiert sich (oder kann sich manifestieren) das Heilige in umfassender Art, z.B. als Aufscheinen, Erscheinen (Epiphanie, Hierophanie) von Göttlichem. Es ist eine Sehnsucht im Menschen, im Zentrum, im Herzen der Wirklichkeit zu sein, letztlich die Sehnsucht und das Heimweh nach dem Paradies. All dies scheint deutlich zu machen, daß der Mensch nur in einem geheiligten Raum, im „Zentrum" leben kann (nach Eliade 1986). Solche Räume wurden und werden immer wieder konstruiert als eine Art Kosmogonie, eine Erschaffung der Welt.
Interessant die Sichtweise und Kosmosfrömmigkeit der Hindu: „Die Heilung des Ortes ist ebenso wesentlich für Hindus wie die Heilung der Zeit. Sie wollen, daß ihre Gottesliebe an diese Erde gebunden ist, daß sie andererseits Orte der spirituellen Kraft auf der Erde entdecken, daß sie andererseits, in diesen irdischen Kraftzentren weilend, ihre Beziehung zu Gott um so tiefer und voller erfahren" (Kämpchen 1997).
Der Ort wo du stehst ist heiliger Boden (Ex 3,5). Diese Aussage kann ebenso auf das Zubereiten eines Handlungsortes, eines Lebensortes übertragen oder staunend beim „brennenden Dornbusch" wahrgenommen werden.

2 Himmelsbrunnen – fließende Grünkraft des Kosmos
– Segensgebärde (QiGong) und Segenstanz

Idee, Entwicklung, Beschreibung von Hilda-Maria Lander und Maria-Regina Zohner, Entwicklung der Segensgebärde aus QiGong und des Tanzes durch Hilda-Maria Lander.

„Himmelsbrunnen" wird der Innenhof des traditionellen chinesischen Hauses genannt, das den Segen des Himmels auffängt. Es steht nicht unbedingt ein Brunnen in diesem Hof, das Gesamte gilt jedoch symbolisch als Brunnen. Wir haben das Wort und die Bedeutung ausgeliehen, in Bewegungs-Meditation umgewandelt und zu Hildegard von Bingen in Beziehung gebracht.
„Himmelsbrunnen" ist im Sitzen, Stehen und Gehen möglich: die Hand-Arm-Gebärden im Sitzen oder Stehen entsprechen einer QiGong-Meditation; diesselben Bewegungen durch die Schritt-Formen erweitert entsprechen einer Tanz-Meditation; die Übergänge sind fließend.

Ausgangsform (verschiedene Möglichkeiten):
– im Kreis  – in konzentrischen Kreisen  – im Halbkreis 
– in Reihe ——— – in Reihen zueinander gewandt 
Die Füße stehen schulterbreit im Parallelstand, gut geerdet.

Musikvorschläge:
mittelschnelle Musik: Allegro, von Antonio Vivaldi, Konzert D–Dur aus: Rudi Zapf,
Festliche Hackbrettmusik, CD 1948–2
langsame Musik: Sun move, von Art Fortland, auf: Syrah meets Ubar, BFM 87 4024–2, 1997

Traditionell werden QiGong-Formen ohne Musik geübt, jedoch kann Musik punktuell begleiten; als Segenstanz mit den Schrittformen wirkt die Musik unterstützend und tragend.

QIGONG-Gebärden und Tanz

I. Hinführung – Segen, Grünkraft erbitten

1. Hände vor dem Dantian (3 cm unterhalb des Bauchnabels) liegen ineinander, Handflächen zeigen nach oben, Daumen berühren sich; Hände seitlich auseinanderbewegen; Ellenbogen zeigen nach außen bis Arme eine Rundung ergeben
2. Hände vor dem Dantian zusammenführen und aneinander legen, wie Gebetshaltung, jedoch schauen die Fingerspitzen nach unten
3. Gefaltete Hände kreisförmig von vorne nach oben führen bis zur Höhe der Brustmitte, Fingerspitzen schauen nach oben
4. Gefaltete Hände vor der Körpermitte absenken bis Dantian, Hände lösen, zuerst mit den Handballen, zum Schluß Finger lösen (Segensdach), Hände drehen, so daß Handinnenflächen nach oben schauen, wie Ausgangsstellung.

Punkte 1–4 werden insgesamt 3 × nacheinander bewegt; am Ende mit Punkt 3 aufhören; die gefalteten Hände vor der Brustmitte „stehen“ lassen als Übergang zum Thema.

II. Thema – Himmelsbrunnen und Paradiesflüsse

4 Zähleinheiten

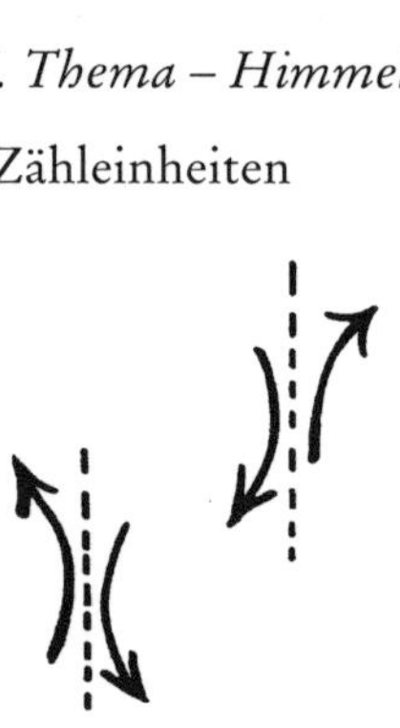

1. Herz-Feuer reinigen (Wasche die Laogong)

·· Linke Hand nach unten führen, dabei steigt die rechte Hand nach oben, Handflächen zueinander gerichtet;
Gewicht auf linkem Fuß, linker Fuß auf dem Ballen stehen;

·· rechte Hand nach unten führen, dabei steigt die linke Hand;
Gewicht auf rechten Fuß, linker Fuß auf Ballen stehen.

Beide Formen wiederholen;
am Ende sind die Hände auf der Höhe der Brustmitte, wie zu Beginn.
Aufmerksamkeit und innere Vorstellung: Himmel und Erde miteinander verbinden; Aufmerksamkeit auf den Handinnenflächen (Laogong); betont wird das Sinken und Steigen, die imaginäre Längsachse als Lot zwischen den Händen und der Senkrechten des Körpers.

2 Zähleinheiten

2. Segensdach – Flüsse nach Osten und Westen

·· Hände aus der Gebetshaltung öffnen, zuerst lösen sich die Handballen, Spitzen der mittleren Finger berühren sich am Ende, Handinnenflächen zeigen nach unten; das Segensdach wird gesenkt und ausgebreitet;

·· Hände trennen sich und bewegen sich in einer leichten Wellenlinie nach außen, dabei werden die Hände sanft in den Handgelenken hin- und hergedreht; die Finger können sich dazu noch einzeln bewegen;

Füße bleiben bei diesen Bewegungen ruhig stehen.
Aufmerksamkeit und innere Vorstellung: Die Energie, Grünkraft, das Wasser von Himmel und Erde im Segensdach bündeln und ausstreuen, in die Flüsse nach Osten (linke Hand) und nach Westen (rechte Hand) teilen und strömen lassen.

2 Zähleinheiten

3. Schöpfen – Flüsse nach Süden und Norden füllen

·· Hände sind seitlich ausgestreckt auf Hüfthöhe, Handinnenflächen schauen nach unten, Hände wie Muscheln oder eine Schale formen und schöpfen, im Handgelenk drehen, so daß Handinnenflächen nach oben gerichtet sind;
Gewicht auf den rechten Fuß verlagern.

·· Hände als Muschel-Schale nach vorne oben führen bis Brustmitte-Höhe, beide Hände drehen sich, so daß sich die Handrücken berühren;

linker Fuß vor dem rechten Fuß kreuzen, mit Gewicht auf linkem Fuß.

Aufmerksamkeit und innere Vorstellung: Energien, Wasser neu schöpfen und in den Fluß des Südens bringen, akzentuiert durch den nach vorn gestellten Fuß; es ist wie Segen schöpfen, Segen verschenken; Segen ist nichts zum Festhalten.

4 Zähleinheiten

4. Ozean und Milchstraße – Grünkraft im Steigen und Sinken

·· Beide Hände, noch Handrücken zueinander, im Bogen nach unten, zum Körper, leicht nach hinten führen; rechter Fuß nach rechts zur Seite, mit Gewicht.

·· Hände und Arme langsam (2 Zähleinheiten) in der Mitte nach oben führen, am Himmels-Auge (Punkt in der Stirnmitte) vorbei über den Kopf hinaus; solange wie möglich Handrücken an Handrücken, bzw. Fingerrücken an Fingerrücken lassen, dann lösen und Finger nach oben strecken, es entsteht die Gebetshaltung überm Kopf,
dabei linken Fuß nach hinten setzen (Norden), der rechte Fuß hebt sich beim Aufsteigen der Hände auf den Ballen; der Körper streckt sich nach oben, bleibt jedoch gut geerdet.

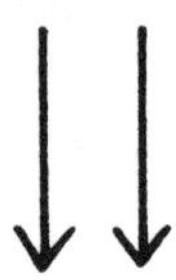

·· Hände in Gebetshaltung absenken bis zur Brustmitte, dann von vorne beginnen, Hände bleiben „stehen“, jedoch ohne Berührung zueinander;
der rechte Fuß senkt sich ab, Gewicht auf ganzen Fuß, linker Fuß nach links setzen in die Anfangs-Position.

Wiederholung der Punkte II, 1–4 so oft, bis Musik zu Ende geht, bzw. bis kurz vor Musikende; es endet mit dem Punkt 4 oder 1, je nach Musik.

Aufmerksamkeit und innere Vorstellung: Energien, Wasser, werden vom Fluß des Südens bis zum Fluß des Nordens gespannt; dann bündeln sie sich, steigen als Ozean auf und kehren als Milchstraße zum Herzen zurück. Das Lot zwischen Erde und Himmel wird ins Fließen gebracht. Aufmerksamkeit ist besonders in den Handinnenflächen (Laogong), an den Fußsohlenballen (Nierenpunkt Yungchuan), dem Nakken/Halswirbelsäule (Dazhui), dem Kopf am obersten Akkupunkturpunkt (Baihui).

III. Abschluß – Sich sammeln

·· aus der Bewegung II, 1, Herz–Feuer reinigen entwickelt sich die Schlußbewegung: Die linke Hand bleibt auf Augenhöhe „stehen" mit Fingerspitzen nach oben, die rechte Handinnenfläche richtet sich nach oben, im Handgelenk gedreht;

·· beide Hände treffen sich zur Gebetshaltung, die sie als Segensdach absenken und im Dantian sammeln.

Aufmerksamkeit auf das Einsammeln der Lebens-Energie, der Grünkraft (Viriditas)

Sichtweisen und Be-Deutungsrichtungen:

Aus der überquellenden Fülle von Bedeutungmöglichkeiten haben wir uns auf drei Akzente konzentriert und anschließend die dazu verwendete Literatur aufgelistet.

Sichtweise Hildegards:

Eines der Visionsbilder Hildegards wird benannt: „Brunnen des Lebens" (Schau VIII, Tafel 12, aus Welt und Mensch, Der Brunnen der Weisheit).

Sehr gerafft einige Orientierungspunkte:

- Der Brunnen steht zwischen Himmel und Erde auf der quadratisch dargestellten Stadt, ein Abbild des Heilsplanes Gottes. Der Brunnen des Lebens, in rundem Stein gefaßt, ergießt seine Wasser in die Stadt Gottes (nach Bonn 1997, S. 128 ff.)
- Wasser ist lebensnotwendig; in einem Brunnen kann es gesammelt werden, damit es auch für Mensch,

(Vereinfachte Nachzeichnung von Maria-Regina Zohner)

Tier, Pflanzen verfügbar ist. „Hildegard kennt die Wichtigkeit guter Brunnen und Wasseranlagen aus eigener Anschauung ... ein Brunnen hat Tiefe, hat Sammlungsvolumen, was an Weibliches, an den fruchtbaren Leib der Frau erinnert" (Riedel 1994, S. 108 ff.).

- „Der lebendige Brunnen aber ist der Geist Gottes ... Aus diesem Quell leben sie, von ihm haben sie das lebendige Leben" (Hildegard von Bingen, Welt und Mensch, zitiert in Riedel 1994, S. 110).
- Die Seele des Menschen entspringt diesem Geistbrunnen (nach Riedel 1994, S. 11) und gleicht dem lebendigen Wasser, das fließend macht.
- In diesem Brunnen werden drei strahlende Gestalten sichtbar. „Die symbolischen Gestalten der Liebe, der Demut und des Friedens steigen aus den tiefen Geheimnissen Gottes herab, um mit den Menschen das Werk ihrer Erlösung zu wirken" (Bonn 1997, S. 130).
- Diese drei Gestalten sind die drei Grundkräfte der Weisheit oder auch Gotteskräfte genannt. „Die Liebe sagt: Ich bin die Herrlichkeit des lebendigen Gottes. Die Weisheit hat in mir ihr Werk gewirkt, und die Demut, die im lebendigen Quell verwurzelt ist, bleibt meine Gehilfin. Ihr ist der Friede verbunden" (Hildegard in: Bonn 1997, S. 130).
- Es vollzieht sich ein Steigen und Sinken, ein auf und ab. Diese Kräfte der Weisheit steigen herab; empor steigen die Schatten, die wohl die Urbilder aller Dinge und Wesen sind (nach Riedel 1994, S. 110).
- Hildegard von Bingen setzt diesen unerschöpflich-schöpferischen Brunnen mit dem Schöpfergeist Gottes gleich (nach Riedel 1994, S. 110).

Sichtweisen verschiedener Kulturen:
Neben der praktischen Bedeutung von Brunnen zeigen sich auf den Sinn–Ebenen vielfältige Bedeutungsmuster, z.B. Taufbrunnen, Wüstenbrunnen (Christus der Fels), die Tempelquelle, der Jungbrunnen, der Kindlesbrunnen, der Brunnen im Märchen, der Brunnen verbunden mit dem religiösen Reinigungsritual.

Einige Orientierungspunkte:

- „Das Wasser ist einerseits männlich strömend befruchtend, aber der Brunnen als ganzes ist ein Uterus-Symbol des gebärenden Weiblichen, das Bäche und Ströme aus seinem Erdgeschoß gebiert" (Neumann [5]1981, S. 191). Vereinfacht wird der Brunnen als Symbol des Mütterlichen gesehen.
- „Im Islam gehört zu jeder Moschee ein Brunnen zur vorgeschriebenen Reinigung vor dem Gebet ... was sich der fromme Moslem darüber hinaus von dem Wasser erhofft, kann man an einem Brauch der Pilger erkennen, die nach der rituellen Umschreitung der Kaaba ihr mitgebrachtes Leichenhemd in den heiligen Semsen-Brunnen tauchen" (Lurker

1990, S. 264). Die Reinigung als kultischer Akt verwandelt das Leben, ermöglicht Neubeginn, Neugeburt. Reinheit und Weisheit stehen im übertragenen Sinn in engem Bezug. So ist auch zu verstehen, daß Taufe eine heilige Weisheit schenkt (Rech 1994, S. 379).

- „Ganz allgemein sind Brunnen und Quellen mit fließendem Wasser Bilder der körperlichen und geistigen Stärkung und Reinigung. Der Ort der Erfrischung (locus refrigerii) wurde zu einem sprechenden Hinweis auf das Paradies" (Lurker [3]1987, S. 70).
- Die quadratisch ummauerten Brunnen arabischer Länder gelten auch als Sinnbilder des Paradieses. „Im Zentrum der (Brunnen) Schale sprudelt eine Wassersäule und aus den Mäulern der Löwen ergießen sich Wasserstrahlen. Diese Kaskaden fließen in ein zwölfeckiges flaches Auffangbekken aus Marmor, das sich um den Brunnen zieht und auf diese Weise auch den Brunnen mit den vier Rinnen verbindet, die den Hof nach dem Vorbild der Paradiesflüsse in Form eines Achsenkreuzes gliedern" (Stierlin 1993, S. 78).
  „Eine … Sure erwähnt die vier Flüsse des Paradieses als ‚Ströme von Wasser', das nie verdirbt; … anderswo ist die Rede von Brunnen, Früchten und frischen Getränken" (Petruccioli 1995, S. 109).
- Im biblischen Denken ist der Brunnen neben dem Wasser des Lebens und der Reinigung auch mit Segen gleichzusetzen.
- „Das um einen Innenhof herum gebaute chinesische Haus verkörpert den gleichen Grundgedanken wie der Tiegel, der als Gerät verstanden wurde, das den Segen des Himmels auffing. Daher heißt auch der Innenhof des Chinesischen Hauses bis heute „tien-ching … Himmelsbrunnen" (Engler in Malek 1996, S. 44). Die traditionelle chinesische Stadt, die Tempel, die Häuser und Gärten sollten die Ordnung des Universums abbilden; besonders die Gärten sind makro- und mikrokosmisch konzipiert, die Welt in Miniatur, darin eingebettet ist der Brunnen, die Quelle, der Teich zu betrachten. Ob der „Himmelsbrunnen" ein konkreter Brunnen ist oder die ummauerte Wohnfläche als Auffangbecken des Segens ist nicht von Bedeutung.

Sichtweisen aus dem QiGong:
Zu den einzelnen QiGong-Bewegungen, die der Gebärdensprache vergleichbar sind, zumindest in dieser Übungsfolge.
Zu I. Hinführung: Diese Übung entspricht dem Meridian-QiGong des „Dreifachen-Erwärmens" nach A. Romandy. Sie stärkt die körperliche und seelische Abwehrfähigkeit und reguliert die Balance von Körper, Geist und Seele (S. QiGong-Literatur in diesem Buch).
Die Bewegungen entsprechen den Schlüsselpunkten im QiGong: öffnen und schließen, steigen/heben und senken der Lebensenergie, der Bewegung

und Ruhe, der Mitte und Peripherie. Es ist kein Zufall, daß sich in verschiedenen Religionen und Kulturen die Gebetshaltung als zentrierende und kräftigende Bewegung auswirkt.

Zu II.1. Herz-Feuer-Reinigen (Wasche die Laogong). Laogong ist ein äußerst wichtiges, spürbares Energiezentrum in der Mitte der Handinnenfläche (streng genommen nur ein Punkt, der sich allerdings ausweiten kann). Die Übung ist herzstärkend. Wieweit es ein Reinigungsritual im übertragenen Sinne ist, konnten wir nicht erforschen. Zu vermuten ist, da Reinigung im MeridianQiGong öfters vorkommt, daß es neben anderen Reinigungssymbolen auch bedeuten könnte, das Urbild des Herzens aufscheinen, sichtbar werden zu lassen, wenigstens für einen Lidschlag lang. Diese Bewegungen fördern den Energiefluß des Herzens und bewirken eine Harmonisierung der Funktionskreise Herz und Niere (nach Jiao 1992, S. 49).

Zu II.2. Zum Segensdach siehe Ausführungen bei der Übung „Ursprüngliches Licht". Bei den Handgelenksdrehungen werden besonders die Energien angesprochen von Lunge, Dickdarm, Herzbeutel, Dreifach-Erwärmer, Herz und Dünndarm.

Zu II.3. Beim Schöpfen werden die eben erwähnten Meridiane aktiviert und harmonisiert. Im übertragenen Sinn ist zu bedenken: die Schöpfung, das Schöpfen, Erschöpftsein, die Schöpfungskraft.

Zu II.4. Diese Übung ist eine vereinfachte Form von Fan huang Nr. 7 „Der silberne Fluß ergießt sich ins Meer". Besonders betont werden Steigen und Sinken der Energien.

Die sechs Richtungen, die sich durch die verschiedenen Übungsteile ziehen, entsprechen der Verbindung der Energie (Qi) mit dem Universum. „Der Mensch steht in der Mitte zwischen Himmel und Erde und den vier Himmelsrichtungen. Ihm obliegt es, die Verbindung herzustellen" (Schillings ^{3}1992, S. 84).

Zuordnungen:

- Himmelsrichtung Osten (linke Hand) – Frühling – Leber – Auge – Zorn – Wind – Farbe Grün – Element Holz
- Himmelsrichtung Süden (vor dem Körper) – Sommer – Herz – Zunge – Freude – Hitze – Farbe Rot – Element Feuer
- Himmelsrichtung Westen (rechte Hand) – Westen – Herbst – Lunge – Nase – Trauer/Melancholie – Trockenheit – Farbe Weiß – Element Metall
- Himmelsrichtung Norden (hinter dem Körper) – Winter – Niere – Ohr – Angst – Kälte – Farbe Schwarz – Element Wasser
- Richtung Mitte unten – Spätsommer – Milz – Mund – Nachdenken/Grübeln – Feuchtigkeit – Farbe Gelb – Element Erde
- Richtung oben entspricht den Himmelsenergien, den Yang–Energien, die der Aktivität, dem Erkennen, der Reinigung u.a.m. zugeordnet werden,

allerdings nur in Beziehung gesehen werden können zu den polaren Yin–Energien.

„Das Qi ist wie ein kostbarer Schatz, den es gilt, erstmal zu erlangen und dann zu bewahren. Die Hände sind wie Schöpfkellen, in denen das wertvolle Qi gehalten oder bewegt wird“ (Schillings ³1992, S. 91).

Literatur

Bonn, Caecilia, Im Herzen der Schöpfung, Meditationen zu Miniaturen aus den Werken von Hildegard von Bingen, Pattloch Verlag, Augsburg 1997

Eliade, Mircea, Ewige Bilder und Sinnbilder, Über die magisch-religiöse Symbolik, Insel-Verlag, Frankfurt/M 1986

Fan huang Gong, Dokument von Prof. Cong Yongchun, Übersetzung Dr. F. Dimmling, 1996, Hg. und erhältlich: Deutsche QiGong-Gesellschaft, Zeughausweg 3/1, 89165 Dietenheim

Führkötter, Adelgundis (Hg.), Kosmos und Mensch aus der Sicht Hildegards von Bingen, Verlag der Gesellschaft für mittelrheinische Kirchengeschichte, Mainz 1987. Mit Beiträgen von: Heinrich Schipperges: Kosmologische Aspekte der Lebensordnung und Lebensführung bei Hildegard von Bingen, Irmgard Müller: Die Stellung der Pflanzen in der Heilsordnung bei Hildegard von Bingen, Monika Klaes, Zur Schau und Deutung des Kosmos bei Hildegard von Bingen

Hildegard von Bingen, Welt und Mensch ‚De operatione dei‘, aus dem Genter Kodex, übersetzt und erläutert von Heinrich Schipperges, Salzburg 1965

Jiao, Guorui, Das Spiel der 5 Tiere, MLV, Velzen 1992, Abschlußübung Nr. 4

Jiao, Guorui, QiGong Yangshen, MLV, Velzen 1994

Kämpchen, Martin, Können Werkzeuge Menschen segnen? Wie der Hindu sein Leben durch Kosmosfrömmigkeit heiligt, in: Christ in der Gegenwart, Nr. 24 vom 15.6.1997

Klessmann, Edda/Eibach, Hannelore, Wo die Seele wohnt, Das imaginäre Haus als Spiegel menschlicher Erfahrungen und Entwicklungen, Verlag Hans Huber, Bern 1993

Konermann, Bernward (Hg.) Hildegard von Bingen, Ordo Virtutum, Spiel der Kräfte, das Schau-Spiel vom Tanz der göttlichen Kräfte und der Sehnsucht des Menschen, Pattloch Verlag, Augsburg, 1991

Lautenschläger, Gabriele, Hildegard von Bingen, Die theologische Grundlegung ihrer Ethik und Spiritualität, Frommann-Holzboog-Verlag, Stuttgart-Bad Cannstatt, 1993. Zitatquelle im Zitat: 42 > LDO IX 8/274=Sp 992 A, 43 > LDO IX 14/278=Sp 996 BC

Lurker, Manfred, Die Botschaft der Symbole, in Mythen, Kulturen, Religionen, Kösel Verlag, München 1990

Lurker, Manfred, Wörterbuch biblischer Bilder und Symbole, Kösel Verlag, München ³1987

Malek, Roman, das Tao des Himmels, Die religiöse Tradition Chinas, Herder Verlag, Freiburg/Br. 1996

Neumann, Erich, Die große Mutter, eine Phänomenologie der weiblichen Gestaltungen des Unbewußten, Walter Verlag, Zürich ⁵1981

Petruccioli, Attilio, Der islamische Garten, DVA, Stuttgart 1995

Rech, Photina, Insbild des Kosmos, Eine Symbolik der Schöpfung, Band II, Müller Verlag, Salzburg 1966

Riedel, Ingrid, Hildegard von Bingen Prophetin der kosmischen Weisheit, Kreuz Verlag, Stuttgart 1994

Romandy, Arpard, Meridian QiGong, unveröffentlicht. Seminar Manuskript der Deutschen QiGong-Gesellschaft e.V. hier: Elemente aus dem Meridian Dreifach-Erwärmer (Sanjiao).

Schillings/Hinterthür, QiGong, Der fliegende Kranich, Windpferd-Verlag, Aitrang ³1992

Schimmel, Annemarie, Gewänder Gottes, Hg. von Siegfried Raeder, Mohr-Verlag, Tübingen 1993

Stierin, Henri und Anna, Alhambra, München 1993

4. Leiblichkeit des Menschen
– genialer Ort der Präsentation Gottes, des Seins

4.1. Kultur der Leiblichkeit
– die Freude am Sein, des Gebrochensein, Heilung genießen

„Der Mensch existiert wesentlich als Leib... Dieser Mensch war von Ursprung an schon geschaffen als Mann und Frau“ (Schipperges 1981, S. 114). Der sichtbare Leib und die unsichtbare Seele bilden eine untrennbare Einheit. Orientiert an den drei Grundbegriffen: Leib – Vernunft/Geist – Seele kann sogar von einer leiblich-seelischen-geistigen Einheit ausgegangen werden. (nach Lautenschläger 1993, S. 115). Nichts ist zu spüren von einer Abwertung des Leibes oder einer Leibfeindlichkeit oder der „Verdeckung des Leibes“. Anima, die Seele, lebt in jedem Teil des Leibes, und der Leib lebt durch die Seele (nach Schipperges 1981, S. 108 + 94). Ein faszinierendes Bild für unsere Lebensentwürfe, für das Heil- und Heilungsgeschehen, für unseren Umgang mit dem Leib, für die Verwundungen, für das Schöne. Der Leib ist das Gewand der Seele, umhüllend, offenbarend, schön und gebrechlich, stark und sensibel.
Der Mensch ist nicht nur verantwortlich für das kosmische Geschehen, für das kosmische Gleichgewicht, er muß ebenso für sich, seinen Leib, seine Seele, seinen Geist sorgen. Im QiGong drückt sich diese Verantwortlichkeit aus in dem Begriff der „Lebenspflege“. Eine solche Kultur des Leibes steht im Widerspruch zur Leibfeindlichkeit einerseits, sie widersetzt sich andererseits einer Leibabspaltung, einer Dominanz und Verherrlichung des Leibes als isolierter „Gegenstand“. Wir können die lang tradierte Leibfeindlichkeit entsorgen, sie umwandeln, hinein in die gesamte kosmische Schönheit.
Eigenständig und doch verwoben ist der Mensch in seiner Leiblichkeit. Hildegard von Bingen schenkt uns das innere Bild, daß der Mensch sei wie Sonne und Mond (Hildegard von Bingen, Heilkunde). „Seiner göttlichen Natur nach der Sonne gleich, versinnbildlicht sich hierin das wache, lichte, aktiv-schöpferische Prinzip ... Das Symbol des Mondes ist dem schlafenden, dunklen, passiv-empfangenden Prinzip zuzuordnen, an ständigen Wechsel und zyklisches Zeitmaß gebunden ... Häufig findet sich dieses Gegensatzpaar von Sonne und Mond als männliches und weibliches Prinzip gedeutet.“ (Lautenschläger 1993, S. 117). Dieses Gegensatzpaar gilt für *jeden* Menschen, unabhängig seines Geschlechtes. Im QiGong begegnen wir einer Reihe von Übungen, die von der inneren Vorstellung her in einer Hand die Sonne und in der anderen Hand den Mond tragen und miteinander verbinden. In einigen Übungen in diesem Buch sind sie wiederzufinden, z.B. III, 1.4. Ursprüngl. Licht oder 2.3. Handherz und Himmelsgrenze.

Ungewohnt für unser Denken zeigt Hildegard Beziehungen auf zwischen dem Leib des Menschen, seinem „Körperschema“ und den Naturkräften. „So gleichen die Füße den Flüssen; sie tragen den Menschen leibhaftig durch den Kreislauf des Daseins. So gleicht die Nase den Luftzonen und gleicht der Ordnung der Natur und Kultur, wie sie auch als Organ der Weisheit der Orientierung des Menschen und seiner Distanzierung dient. So wird umgekehrt der Weltraum als ein Riesenmagen angesehen ...“ (Schipperges in Führkütter 1987, S. 6). Was können diese Sichtweisen für uns bedeuten? Eine gute Fußpflege bewirkt noch kein klares Wasser im Fluß und eingezwängte Füße in ungünstigen Schuhen schärft noch nicht die Sinne für einen erzwungenen begradigten Fluß, der schneller Überschwemmungen produzieren kann. Und dennoch: Wenn wir unseren Füßen Achtsamkeit schenken, sie liebevoll behandeln, können wir auch die Sorgfalt entwickeln für das größere Element des Flusses und wie wir ihn vergiften oder als Freund sehen können. Schnell ist damit die Verantwortung für sich und die Natur hergestellt, das sittliche Handeln eingebunden.
Im Denken der traditionellen chinesischen Medizin und QiGong ist dieser Vernetzungsgedanke nicht so fremd. So wird zum Beispiel die Nase dem Funktionskreis Lunge zugeordnet. Die Lunge wiederum repräsentiert im QiGong die Gesamt-Energie und Persönlichkeit, ebenso den Kontakt zu anderen Menschen; sie nimmt Qi, Lebensenergie mit der Atmung auf, sorgt für Rhythmus und Ordnung. Bei einer guten Lungenfunktion zeigt sich im Menschen z.B. Klarheit, Reinheit, Vernunft, Nähe und Distanz, Schönheit, Ästhetik, geordnete Verhältnisse, handeln nach ethischen Gesichtspunkten (nach Eckert u.a., siehe Gesamt-Literatur-Verzeichnis). Die „gute“ Lunge wird mit einer Glocke verglichen, die einen klaren und klangvollen Ton schwingen läßt, gemeint ist die Stimme. Bei einer Lungenschwäche kann die Stimme leise sein.
In der wunderschönen Sprache Hildegards spürt sich die Verflechtung: „... Der Mensch hat ja Himmel und Erde und alle Kreatur schon in sich und ist doch nur eine einzige Gestalt, die das All in sich eingeborgen trägt“ (in: Schipperges 1981, S. 112). Das Bild Kosmos-Mensch (Punkt III 2.2.) zeigt es uns deutlich.
Aus der kosmologischen Ordnung von Hildegard leitet sich die Heilsorientierung, die Heilsgeschichte, die Heilsbedürftigkeit ab, für den Menschen und für die gesamte Kreatur. Durch die enge Verflechtung des Menschen mit dem Kosmos, kann weder das Heil noch das Unheil des einen oder anderen getrennt voneinander gesehen werden. Noch allzu deutlich spüren wir schmerzhaft die Erkenntnis, als das große Waldsterben sichtbar wurde; erst stirbt der Baum, dann stirbt der Mensch und dazu muß gesetzt werden: Wenn der Baum nicht mehr Sinnträger für den Menschen ist, also nur noch Nutzungswert hat, dann müssen Sinn-Entwürfe sinn-los werden, Brüche

und Risse entstehen. Das Bild aus der Hildegardischen Sicht ist nicht statisch zu sehen, sondern in ständigem Wandel und Verwandlung, auch Wiederholung:

- Der Mensch als homo constitutus mit seiner fundamentalen Freude am Sein, mit seiner sinnenhaften Ausstattung, er ist unausweichlich auch
- der Mensch als homo destitutus, der existentiell teilnimmt, verflochten ist an allem was gebrochen ist, am Mit-Leiden, am Kranken, am Bruch und Riß, am Darniederliegen, und
- der Mensch ist Hoffnungsträger als homo restitutus, der wieder aufgerichtet, hergerichtet wird, der das Heil und die Heilung genießen kann, ebenso selbst dazu beitragen muß.

(Diese dreiteilige Sichtweise ist orientiert an Schipperges 1981, S. 57 ff).
Die Grünkraft, die Lebens-Energie wirkt entscheidend an dieser gelebten Hoffnung mit, die auch heute noch Sinn-Träger sein kann.
Anschauungen, Bewegungserfahrungen, Lebensklärungen lassen sich in den folgenden Punkten besichtigen, erhören, erfühlen, erschreiten und ergehen.

4.2. Integritas
– Weitsicht im Ur-Sprung

Zeichnung nach einer Idee von Rudolph Kaufhold, Kirchen- und Kunstmaler, Freiburg/Br., ausgeführt von Maria-Regina Zohner

Zunächst zum Schauen die Zeichnung, danach die Ver-Wortung und Aufschlüsselung der Entwicklung und des Gesamtzusammenhangs – an die Leser und Leserinnen zur Meditation übergeben. Der Bezug zur kosmologischen Ordnung und Heilsgeschichte soll über Symbole, einzeln und in der Gesamtschau entwickelt werden.

Integritas – Ent-Stehung, Ent-Wicklung zur Zeichnung:

·· Von Paradies zu Paradies, oder
·· der Weg Gottes auf den Menschen zu, oder
·· der Weg des Menschen mit seinem Gott, oder
·· der Heil(s)weg oder Heilungsweg,
·· der Mensch als homo constitutus, als homo destitutus, als homo restitutus.

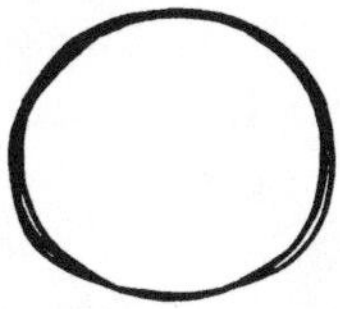

Ohne Anfang und ohne Ende steht der Kreis für Gott und die Nicht-Zeit, für die Ewigkeit.

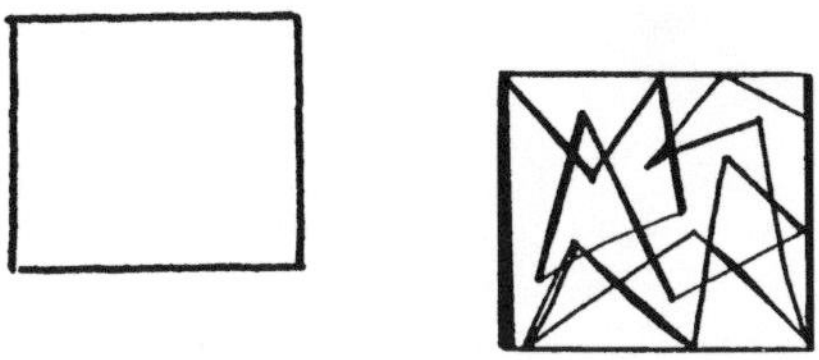

Dem Kreis gegenüber steht das Viereck als der Bereich des Menschen und damit als Symbol der Zeit. Der Mensch – erschaffen von Gott – er fällt heraus aus Gott – er wird aus dem Paradies vertrieben.

Der Zugang zu Gott ist für den Menschen versperrt, er kann von sich aus diese Barriere nicht überwinden, „denn verschlossen war das Tor – bis ein Heiland trat hervor“.

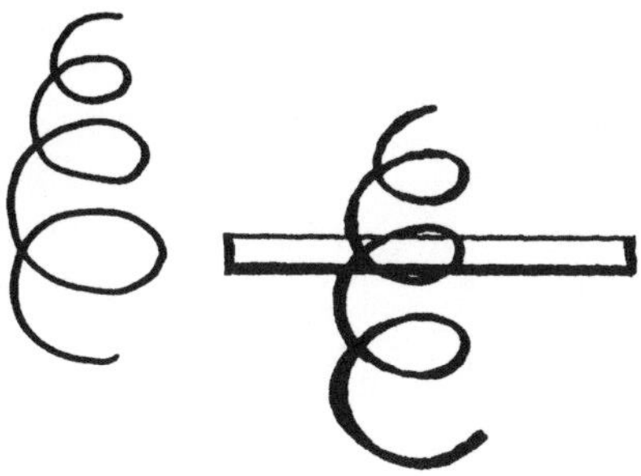

Gott bewegt sich auf den Menschen zu. Die Spiralbewegung durchbohrt den Riegel – die Herzbewegung Gottes des Vaters bewegt das Herz des Sohnes des Menschen und der Sohn windet sich und wird heruntergewunden – siehe Christus in der Kelter – bis er den Tod über*windet.*

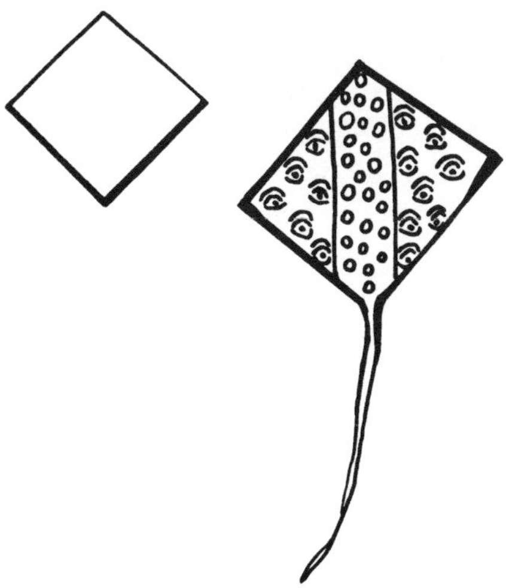

So wird der Mensch, der darniederliegt und aus eigener Kraft nicht auf(er)stehen kann, durch Jesus Christus, den Gesalbten, aufgerichtet.

Soweit das Gesamtbild. Zu einem Detail, der Raute, eine Anmerkung: Fasziniert stellen wir fest, daß zwei gleiche Symbole aus etwas unterschiedlichen Hintergründen den-

Nachzeichnung von Maria-Regina Zohner. Detail aus „Die Seele und ihr Zelt“, Hildegard von Bingen – Visionsbild.

noch miteinander korrespondieren können. Im Visionsbild Hildegards „Die Seele und ihr Zelt“ (Tafel 5, Schau 4) überstrahlt eine goldene Raute mit vielen Augen das Bild. Die Raute ist das aufgerichtete Quadrat. Bonn (1997, S. 28f) deutet diese Raute als Schöpfungskraft und Liebe Gottes; die vier Ecken symbolisieren die vier Himmelsrichtungen. Der lichtere Längsstreifen in der Mitte weist auf die Menschwerdung und Erlösung hin.

4.3. Creatura – von Paradies zu Paradies
– TANZ

Von Hilda-Maria Lander, entwickelt aus der Grundform „Pop Karree“ in Lander/Zohner, Bewegung und Tanz in Beziehung gebracht zur Bild-Meditation.

Musik:
The mystic dream, auf CD Loreena McKennitt, The mask and mirror, WEA 4509–95296–2

Aufstellung:
in Reihen hintereinander
oder in Reihen zueinander gewandt
oder paarweise zueinandergewandt im Kreis
im Sitzen möglich, wenn die Raumbewegungen auf die Hände-Arme übertragen werden

TANZ
Takte

Teil 1 — *Refrain*

1 – 2 Rechter Fuß nach rechts, linken Fuß beistellen, rechter Fuß nach rechts, rechtes Knie nachwippen, dabei die Hände wie Pinguin-Haltung ausstrecken, rechte Seite betonen.

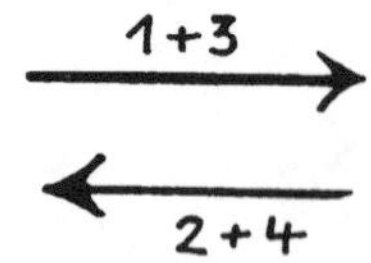

3 – 4 Wie Takte 1–2, jedoch mit linkem Fuß beginnen nach links.

5 – 8 Wie Takte 1–4, also wiederholen.

Teil 2 — *Karree mit Drehung*

1–2 4 Schritte vorwärts, rechter Fuß, linker Fuß, rechter Fuß. Linken Fuß beistellen, ohne Gewicht.

3–4 Links-Drehung nach links, linker Fuß, rechter Fuß, linker Fuß, rechten Fuß beistellen, mit Gewicht.

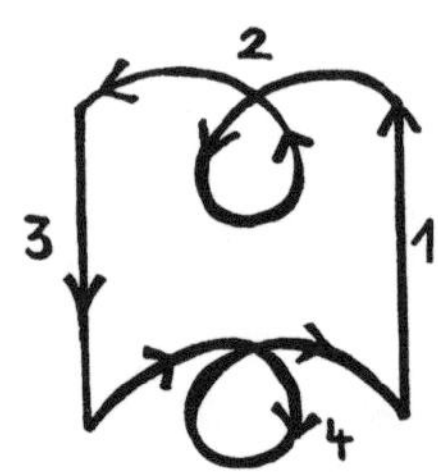

5–6 4 Schritte rückwärts, linker Fuß, rechter Fuß, linker Fuß, rechten Fuß beistellen, ohne Gewicht.

7–8 Rechts-Drehung nach rechts, rechter Fuß, linker Fuß, rechter Fuß, linken Fuß beistellen, mit Gewicht.

9–16 Wie Takte 1–8, also wiederholen.

Teil 3 *Refrain, wie Nr. 1*

Teil 4 *Raute*

1–2 Schräg rechts vorwärts, rechter Fuß, linker Fuß, rechter Fuß, linken Fuß anwinkeln, dabei Rechtsdrehung auf dem rechten Fuß, klatschen Hände oben.

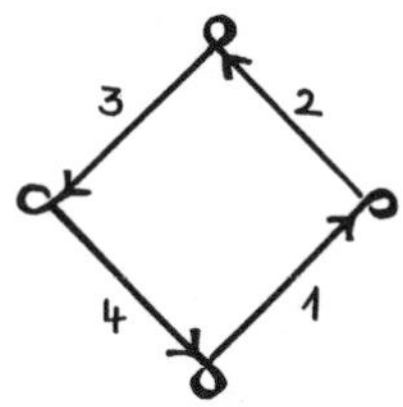

3–4 Schräg rückwärts zurück, linker Fuß, rechter Fuß, linker Fuß, rechten Fuß anwinkeln, dabei Rechtsdrehung auf dem linken Fuß, klatschen, Hände unten.

5–6 Wie Takte 1–2, jedoch aus der Gegenüberstellung.

7–8 Wie Takte 3–4, jedoch aus der Gegenüberstellung.

9–16 Wie Takte 1–8, also wiederholen.

Von vorne wiederholen, bis Musik zu Ende ist.
Teil 1 kann auch mit „Schwerthand“, bei beiden Händen, getanzt werden, Hände und Arme sind dabei ausgestreckt. In dieser Form bündelt sich die Energie sowohl zum Aussenden als auch Hereinholen. Behutsam damit umgehen.

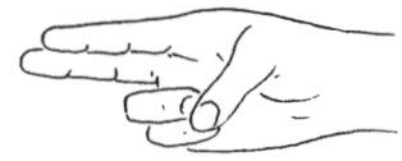

Aus: Olvedi, Das Stille QiGong, S. 213, Abb. 27: Die Schwerthand

Der Tanz Creatura bezieht sich in dieser Form auf Hildegards Grundfigur „Opus Dei“ ein Werk aus Gottes Hand mit den dreifach gegliederten Seinsweisen des Menschen und der Schöpfung (nach Schipperges in Führkötter, S. 11 ff):

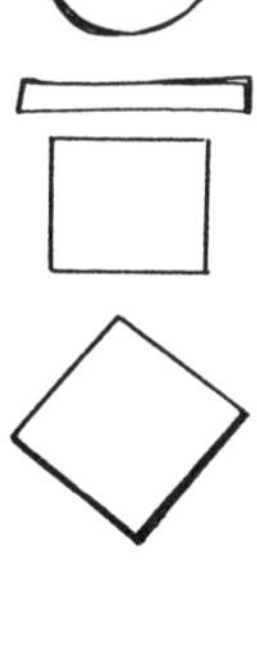

- Homo constitutus – Ursprünglich Wohlstand, Urvertrauen, paradiesisches Ganz-Sein;
- Homo destitutus – mit der Trennung, dem Riß zwischen Mensch–Gott, Mensch–Mensch, Mensch –Natur, der „rebellierende“ Mensch;
- Homo restitutus – als der Wieder-Aufgerichtete Mensch, in seiner Anlage auf Heil, die wieder her gestellte Beziehung, der Wiederanschluß an Viriditas, an die Lebens-Energie Qi.

In den chinesischen Schöpfungsmythen sind, wenn auch nicht so einheitlich wie bei Hildegard von Bingen, ähnliche Motive (nach Malek 1996, S. 32):

- Himmel und Erde waren miteinander verbunden, ganzheitlich in Harmonie und Ausgewogensein; die Menschen und Gottheiten standen sich sehr nahe und korrespondierten miteinander – ein Paradieszustand.
- Himmel und Erde, ihre Verbindung wurde abgeschnitten, ein Riß entstand; der Austausch zwischen beiden Urtümlichkeiten war gestört, ebenso die Beziehung zwischen den Gottheiten (Göttern, Geister) und den Menschen. Die Zerrissenheit als leidvoller Zustand.
- Durch die Kräfte des Qi, durch Yin und Yang (weiblich/männlich) und den Menschen als Lot und Säule zwischen Himmel und Erde können die Lebens–Energien in Verbindung gebracht werden, zeitlich immer begrenzt und dem Wandel unterworfen.

Teilweise werden die drei Ebenen: Himmel – Erde – Mensch als eine (chinesische) Form von Trinität angesehen, wobei zu bedenken ist, daß die Begriffe Himmel und Erde sich nur ansatzweise mit unseren europäischen Sichtweisen decken.

Die Symbole werden bei diesem Tanz hauptsächlich räumlich gestaltet und nur zum Teil binnenkörperlich. Ohne diese innere Symbol-Vorstellung bleibt der Tanz auf der Erscheinungs-Ebene mit interessanter raum–figuraler Ausgestaltung. Mit der Vorstellung der Symbole werden zusätzlich verschiedene Wirklichkeiten bewegt und bewußt. Die Paradies-Sehnsucht nach Ganzheit, die „Vertreibung“ aus dem Paradies-Zustand und die Hoffnung der Wieder-Aufrichtung, dem Anschluß an das Heil wird im Tanz in zyklisch sich wiederholenden Bewegungen nachvollzogen, immer wieder sich wandelnd, gleichsam die Zeichnung meditierend bewegt.

4.4. Tigermaul und Kranich-Flügel
– kosmische Kräfte als Leihgabe

„Der Mensch hat ja … alle Kreatur schon in sich selber“ (Hildegard von Bingen)

Eine kleine Entdeckungsreise mit QiGong-Bewegungen der Kreaturen Tiger und Kranich in uns, ein gemeinsames Feiern.

QiGong: Form zur Stärkung und Sanftheit, Leichtigkeit und Klarheit
Quellenhintergrund: Der fliegende Kranich, Schillings/Hinterthür und mündliche Überlieferung von Prof. Cong, China und Jiao, G., Das Spiel der 5 Tiere.

Ausgewählt, zu dieser Übung zusammengefügt, beschrieben und kommentiert von Hilda-Maria Lander.

Traditionell werden QiGong-Formen ohne Musik geübt, jedoch kann Musik punktuell begleiten.
Unser Musikvorschlag für diese Form: Mrs. Hamilton auf CD Exkursionen, Fraunhofer Musik, Meilton CD 2084.
Die Übung ist im Sitzen, Stehen und in vereinfachter Form im Liegen möglich.

Einstimmung:
– wichtig: Füße stehen parallel schulterbreit, leicht im Knie gebeugt, Hände aufs Dantian (3 cm unterhalb des Bauchnabels) übereinander legen, sich sammeln, zur Ruhe kommen, geistige Aufmerksamkeit auf Hände und Dantian. – Sich in das Wesen von Tiger und Kranich einfühlen.

Bewegungs-Folge:
I. Von Horizont zu Horizont
1. Tigermaul

1.1. übereinandergelegte Hände auseinanderziehen, so daß ein Dreieck entsteht. Daumen und Zeigefinger lösen, leicht krümmen mit etwas Spannung = Tigermaul, die übrigen Finger so locker wie möglich
1.2. die Tigermaul-Hände seitlich ausbreiten, bis auf Schulterhöhe hochheben, dann entspannen, die Hände locker auf einer Wolke ablegen als innere Vorstellung, Ellbogen bleiben leicht gebeugt; das Tigermaul wird zum Kranich-Flügel
2. Kranich
2.1. die Arme locker gestreckt lassen, Aufmerksamkeit auf Fingerspitzen mit der Vorstellung, den Horizont rechts und links zu berühren, sich innerlich dehnen von Horizont zu Horizont; die Ellbogen bleiben leicht gebeugt.

2.2. die Arme, Hände an den Körper heranziehen, auf Schulterhöhe, Finger sind dabei etwas gespreizt – innere Vorstellung: Der Kranich legt seine Flügel an und holt sich von den Horizonten seine Energien wie an unsichtbaren Fäden.

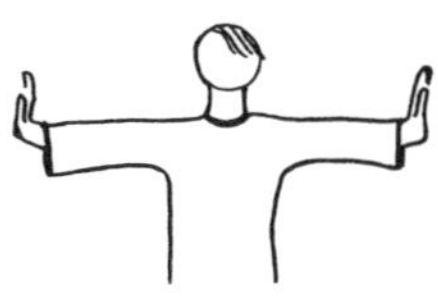

2.3. die Hände im rechten Winkel aufstellen, die Hände mit den Handballen wegschieben bis Arme auf Schulterhöhe locker gestreckt sind, innere Vorstellung: Berge auseinanderschieben, Aufmerksamkeit auf Handballen.
2.4. Hände seitlich absenken bis sie nach unten hängen, locker.
Übung wiederholen.
Bei 1.1. und 1.2. Heben der Arme mit Tigermaul, das Steigen mit Kraft aus

den Fuß-Sohlen-Ballen (Nieren-Punkt) unterstützen, so daß Aufwärts-Tendenz spürbar;
bei 2.4., dem Absenken der Hände, leicht ins Knie gehen.

II. Galoppierende Wasserwellen
1. Tigermaul
Bewegungsfolge wie bei I, 1.1. und 1.2.
2. Kranich
2.1. Mit den auf Schulterhöhe ausgestreckten Händen kleine Wellenbewegungen machen, so als ob kleine galoppierende Wasserwellen sich nach außen verbreiten.

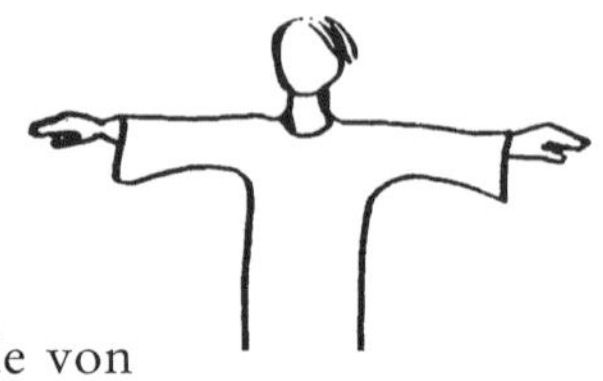

2.2. bis 2.4. wie bei I. 2.2. bis 2.4.; evtl. am Ende von 2.3. *eine* kleine Wellenbewegung der Hände machen, wie bei 2.1.

III. Flügelschwingen
1. Tigermaul
Bewegungsfolge wie bei I, 1.1. und 1.2.
2. Kranich
2.1. Die Hände seitlich langsam absenken, dabei leicht ins Knie gehen, Hände seitlich heben, Handgelenk führt nach oben, Knie etwas strecken, jedoch nicht durchdrücken.
2.2 bis 2.4. wie bei I. 2.2. bis 2.4.

Abschluß:

Hände auf Dantian legen wie zu Beginn, oder Hände über der Brust kreuzen. Die Zentrierung am Ende gleicht dem Einsammeln der Früchte, also dem Einsammeln der Energie und Zentrierung. Dies ist sehr wichtig, damit sich die Energie nicht verflüchtigt. In der inneren Vorstellung sich aus der Welt von Tiger und Kranich wieder lösen und zu sich selbst kommen.

Gesamtverlauf mit verschiedenen Formen der Aneinanderreihung:
Es kann nur I. oder nur II. oder nur III. bewegt werden, in jeweiligen Wiederholungen. Günstig ist, immer zuerst die Grundbewegungen von I zentriert zu bewegen, ehe die anderen Formen dazu genommen werden.
Dynamisierend wirkt die Reihenfolge I einige Male, bzw. eine Musiklänge lang, dann II ebenso, dann III ebenso.
Die Formen I–III können auch jeweils nur einmal hintereinander folgen, d. h. I, II, III, I, II, III oder I, II, III, II, I.

Für Anfänger ist es sinnvoller weniger Außenbewegung, also weniger äußerer Leistungsaspekt.

Zur inneren *Vorstellung* der jeweiligen Tiere:
Sowohl bei Hildegard von Bingen, als auch im chinesischen QiGong geht es bei den Tieren, Tierbewegungen oder Heilmittel von Tieren jeweils um deren Wesen, nicht um ihr äußeres Verhalten. Beim QiGong geht es deshalb nicht um eine naturalistische Nachahmung der Bewegungen, sondern um eine stilisierte Bewegungsform, die das Wesen wirksam werden läßt.
Zu den *Tieren*, einschließlich Tiger:
Hildegard von Bingen sagt:
„Die Tiere aber, die auf der Erde herumlaufen und auf der Erde wohnen, bezeichnen die Gedanken und Erwägungen, die der Mensch durch ein Werk vollendet ... Aber der Löwe und seinesgleichen zeigen den Menschen, der daran geht ein Werk zu tun ... Der Tiger ist warm, und er hat seinen Lauf in den Bergen und Tälern ... Aber auch wer gegessene Speisen nicht verdauen kann, der lege, wenn der Tiger getötet wird, seine warme Leber für eine kurze Stunde auf seinen Magen ... und sogleich wird sein Magen gelöst“ (Hildegard von Bingen, Physica, S. 447, 458).

Aus dem *QiGong*:
„Der Tiger ist außen stark und innen sanft, bei Härte zeigt man Sanftheit... Will man die Wildheit und Stärke des Tigers zum Ausdruck bringen, so muß man den Geist des Tigers in den Augen und seine Macht in den Tigertatzen zeigen. Man vermeide zu jedem Zeitpunkt ein ängstliches Aussehen. Die Ruhe des Tigers kommt aus der Gewißheit seiner Stärke. Wenn der Tiger ruht, gleicht seine Ruhe dem klaren Mond am Himmel“ (Jiao 1992, S. 128).

Zu den *Vögeln*, einschließlich *Kranich*:
Hildegard von Bingen sagt:
„Die Vögel, die sich in der Luft aufhalten, bezeichnen diese Tugend, die der Mensch denkend ersinnt und die in sich selbst erwägend vieles bestimmt, bevor es als strahlendes Werk hervorgeht ... Weil (nämlich) die Vögel in der Luft von ihren Flügeln emporgehalten werden und sich überall in der Luft aufhalten, so wird auch die Seele, solange sie im Körper ist, von ihren Gedanken emporgehoben und breitet sich überall aus. ... Der Kranich ist warm und hat eine reine Natur, und er hat sowohl die Fähigkeit zu fliegen, als auch auf der Erde zu gehen... er hat einen wachsamen Sinn. Sein Fleisch ist für Kranke und Gesunde gut zum essen“ (Hildegard von Bingen, Physica, S. 384, 388).

Aus dem *QiGong*:
„Die Ruhe des Kranich ist reine Ruhe. Es ist eine Ruhe, der Schönheit und Anmut innewohnt, eine Ruhe, die aus der Zufriedenheit der Seele erwächst. Der Blick des Kranichs ist klar und weit, in die Ferne gerichtet und doch nichts betrachtend. Leicht und schwerelos erhebt er sich in die Lüfte ... Charakteristische Bewegungsmuster sind das Heben und Senken der Flügel ... das Stehen auf einem Bein, ... das Ausdehnen und Weiten der Schwingen... Aber wenn er auf der Erde steht, steht er fast wie eine Kiefer, hochragend, majestätisch, unbewegt. Sein (der Kranich) Geist ist ruhig wie das Blau des Himmels" (Jiao 1992, S. 90f).

Interessanterweise geht Hildegard von Bingen noch über die Ansätze von QiGong hinaus. Ein Beispiel: Das Denken, Ersinnen als Tugendkraft entspricht dem Luft-Element der Vögel, oder die Tugend des Werkes, die Handlungsfähigkeit des Menschen entspricht dem Erd-Element der Tiere, die auf der Erde herumlaufen. Und aus dem QiGong: Der ruhige Geist des Kranich wird mit dem Blau des Himmels verglichen.
Beim QiGong-Üben können diese Vorstellungen in den Bewegungen, im Zentrieren des Geistes wirksam werden – und bei fortschreitendem Üben verbunden mit der „Absichtslosigkeit" Tiefenwirkungen erzielen.
Welch faszinierende Verbindung des Kosmos, der Kreatur, des Menschen in seiner Leiblichkeit und des Schöpfers oder des Seins, wirksam als Heilungskraft. Der Mensch kann sich Teile des Wesens der Tiere ausleihen, weil er all diese Kräfte in sich hat, oft genug verschüttet, unterdrückt.

Literatur

Bonn, Caecilia, Im Herzen der Schöpfung, Meditationen zu Miniaturen aus den Werken von Hildegard von Bingen, Pattloch Verlag, Augsburg 1997
Führkötter, Adelgundis, (Hg.), Kosmos und Mensch aus der Sicht Hildegards von Bingen, mit Beiträgen von H. Schipperges, I. Müller, M. Klaes, Mainz 1987
Jiao, Guorui, Das Spiel der 5 Tiere, QiGong, Gesundheitsfördernde Übungen der traditionellen chinesischen Medizin, MLV, Uelzen 1992
Hildegard von Bingen, Heilkraft der Natur, Physica, Das Buch von dem inneren Wesen der verschiedenen Naturen und Geschöpfe, Rezepte und Ratschläge für ein gesundes Leben, übersetzt von M.L. Portman, Basel, Hg. von der Basler Hildegard-Gesellschaft, Pattloch Verlag, Augsburg 1991
Hildegard von Bingen, Heilkunde. Das Buch vom Wesen und der Heilung von Krankheiten (causae et curae), übersetzt und erläutert v. H. Schipperges, Salzburg [4]1981
Lautenschläger Gabriele, Hildegard von Bingen, Die theologische Grundlegung ihrer Ethik und Spiritualität, Fromman-Holzboog-Verlag, Stuttgart 1993
Malek, Roman, Das Tao des Himmels, Die religiöse Tradition Chinas, Freiburg/Br. 1996
A. Schillings/P. Hinterthür, QiGong, Der fliegende Kranich, Windpferd Verlag [2]1992
Schipperges, Heinrich, Hildegard von Bingen, Ein Zeichen für unsere Zeit, Frankfurt/M 1981
Olvedi, Ulli, Das Stille QiGong nach Meister Zhi-Chang Li, Meditative Energiearbeit – Vitalisierung und Harmonisierung der Lebenskräfte, nach taoistischer und buddhistischer Tradition, Barth Verlag, Bern/München 1994

5. Lächelnder Drache
– discretio als rechtes Maß

5.1. Der Finger – göttliches Maß

Doch halte der Mensch das rechte Maß – sehr lustig, liebe Hildegard, klingt das nicht, schon gar nicht lebenslustig. Was heißt Maß, was heißt das rechte Maß? Soll es eine Moralpredigt werden, weil wir zuviel gegessen haben, zu hastig oder weil wir zuwenig schlafen, also das rechte Maß mißachten? – Das Zuviel oder Zuwenig meint Hildegard sehr wohl, jedoch ist das rechte Maß kein moralisches Keifen. Es ist ein konkretes Hinzeigen auf umfassende Gesetz*mäßig*keit, das Maß im Gesetz, im Universum, in der Natur, in den Proportionen des menschlichen Körpers, in unseren Verhaltensmustern, in unserer Achtsamkeit. Das rechte Maß, die discretio ist höchst dynamisch, nicht fixierbar, ein Rahmen zur Orientierung. Im Verhaltensbereich hat der Mensch die Freiheit und auch Verantwortung selbst zu entscheiden. Das rechte Maß kann zum Leitfaden werden mit ganz persönlichen Mustern.

Discretio als rechtes Maß zeigt sich vielfältig bunt auf verschiedenen Ebenen, in unterschiedlichen Zusammenhängen:

- Discretio ist in Erscheinungsweisen des Geschaffenen, z.B. im Planetensystem, im Naturbereich, in den Gliedmaßen und Proportionen des menschlichen Körpers, also im *goldenen Schnitt*, allüberall, von Hildegard genial in ihren Gesetzmäßigkeiten aufgezeigt.
- Discretio, das rechte Maß ist in Verhaltensweisen, in aktuellen Lebensprozessen des Werdens, Wachsens, Blühens, Versamens, Vergehens und Wieder-neu-Entstehens.
- Discretio, das rechte Maß ist in Gestaltungsformen des Leibes, der Seele, des Geistes, dem Tempel; sie ist in Musik (s. Punkt 7) in der Malerei, im Haus-Bauen, im Balkonkasten-Anpflanzen, im Garten-Anlegen, in der Architektur der Bewegung, des Tanzes, in der Poesie der Sprache.
- Discretio, das rechte Maß ist in den Tugenden, den göttlichen Kräften und Heilungskräften. Allerdings können auch sie sich ins Gegenteil verkehren, wenn wir sie maß-los „gebrauchen“; zu viel Fasten kann ebenso schaden, wie zu viel essen. Hildegard ermahnt ihre Nonnen, nicht maßlos zu beten oder zu fasten, sondern auch hier das rechte Maß zu bedenken.
- Discretio, das rechte Maß kann nicht auf eine Bedeutung eingeschlossen werden, wie Viriditas, die Grünkraft und Qi, die Lebensenergie auch. Wir tupfen einige Farbnuancen aus den vielfältigen Farbtöpfen von discretio, dem rechten Maß (weitergehend nach Lautenschläger zusammen-

getragen und sinngemäß nach Hildegard von Bingen aus „Der Mensch in der Verantwortung“):

- Discretio ist die „Mutter aller Tugenden“.
- Discretio hat die Aufgabe der Unterscheidung, aber auch der Vermittlung, z.B. zwischen den himmlischen und irdischen Sehnsüchten.
- Discretio bedeutet das Wirken der Weisheit in dieser Welt; sapientia, die Weisheit schafft Ordnung durch Maß. Ordnung meint hier gute Beziehungen und Verhältnisse schaffen, nicht das „Geschlamperte“ aufzuräumen, zumindest nicht vordergründig.
- Discretio als die Unterscheidungsfähigkeit jeweils das Angemessene zu tun, ist mit der Klugheit verwandt, z.B. damit der rechte Tugendweg nicht maßlos übertrieben wird, eben auch nicht die Untugenden; discretio wird so zu einem vorzüglichen Bildungselement.
- Discretio weiß, daß alles Geschöpfliche einander Antwort gibt und das rechte Maß oder die Grenze nicht überschreitet.
- Discretio ist die Gabe der Prüfung und Unterscheidung der Geister, alles Tugendhafte (mit Maß) wird von der discretio erhellt, gestaltet, geordnet, damit die jeweilige Tugend nicht zur Un-Tugend (Laster) wird, sie sich also nicht ins Gegenteil verkehrt. Es geht auch um das rechte Maß zwischen „vita activa“ und „vita kontempletio“. Übermäßige oder unmäßiges Tugendverhalten kann ebenso schädlich sein wie die „Laster“. Die Seele z.B. kann ausgeleert werden, wenn die Enthaltsamkeit zu streng wird und dadurch zum Hochmut führen kann, die den Menschen schwächt. Es soll keinen unvernünftigen Verzicht geben. Als Handelnde bedürfen wir immer der Barmherzigkeit, um das eigene Maß weder zu überschreiten, noch zu unterschreiten. Mut brauchen wir schon, denn der Feigheit fehlt alles rechte Maß. Hildegard ist klar in ihrer Aussage.
- Discretio als Mutter aller Tugend meint, besonders an der Heilkunde orientiert die hilfreiche Umsicht, Vorsicht, Vorsorge, sie ist maßvoll und klug.
- Discretio schaut auf die konkreten Umstände und fragt, was jetzt aktualisiert werden soll und muß; sie nimmt Rücksicht auf die jeweilige Lebenssituation; discretio hat eine klare Richtung, ist jedoch flexibel, wenn sie handelt.
- Discretio nimmt Rücksicht auf verschiedene Begabungen und Bedürfnisse, so daß darin das „Ganze“ aufscheint, zumindest als Fragment.
- Discretio, das rechte Maß ist machbar und auch wieder nicht machbar; es ist eine Mischung eigenen Zutuns und des Geschenkt-Bekommens, Es-sich-schenken-Lassens; beides ist Segen.
- Hildegard von Bingen warnt: Überschreitet eines der Elemente sein Maß und seine Grenze, so hat dies Auswirkungen auf das Gesamtgefüge. Wir müssen dazu fügen, wenn ein Element durch die Eingriffe des Menschen

seine Grenzen überschreitet, hat dies Auswirkungen, die wir bereits schmerzvoll erfahren müssen. Orientiert am Menschen: Mißachtet er an seinem Körper das rechte Maß, hat dies Auswirkungen auf die Seele, den Geist und natürlich umgekehrt; beachtet der Mensch das rechte Maß, so wirkt sich dies ebenso aus. Nicht nur das Maß-lose hat seine Auswirkungen, sondern auch die vielen Nuancen des gelebten rechten Maßes.

- Discretio als Ordnungskraft: „... was die Weisheit im Ursprung geordnet hat, das lebt der Geist im Menschen, macht es wach und hört nie damit auf ... der Mensch schafft sich kraft seines Ordnungsvermögens allererst die Welt als sein – zweites – Zuhause, indem er alles durch Namen und Zahlen begreift ...“ (Lautenschläger 1993, S. 334).
- Der Mensch ist, wie auch die Natur, das Universum, in seinem äußeren Erscheinungsbild so konstruiert, daß Glied an Glied gefügt ist und keines das rechte Maß oder Gewicht überschreitet. Ein Blick auf das Kosmos-Mensch-Bild läßt diese aufregende Sicht ahnen.

Damit bietet sich uns nahtlos der Sprung zum „goldenen Schnitt“ oder den göttlichen Proportionen: „Die Bezeichnung „sectio aurea“ oder Goldener Schnitt wurde anscheinend erst im 19. Jahrhundert populär und soll auf Leonardo da Vinci zurückgehen (Bühler 1996, S. 21). Der Begriff vom göttlichen Maßverhältnis ist ebenfalls um diese Zeit entstanden. Die abstrakte und schwierige Beschreibung des Goldenen Schnitts, bis in die Antike zurückzuverfolgen (Pythagoras), ist die asymmetrische stetige Teilung einer Fläche, deren Proportionen zueinander das harmonische Maß des Goldenen Schnitts bedeuten.

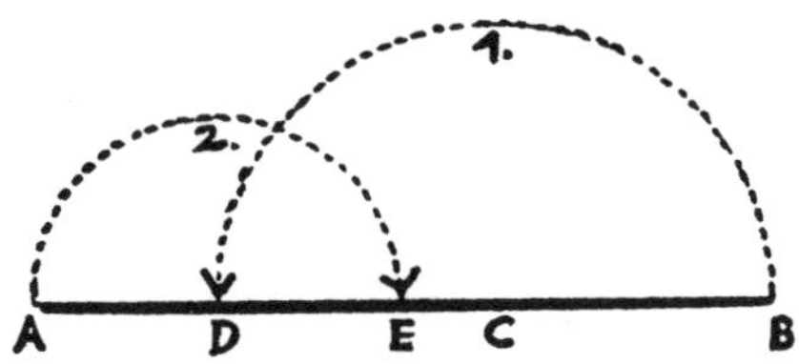

Dieses dreigliedrige geometrisch sichtbare Teilen enthält aber auch qualitative Elemente, die einzigartig sind und nur bedingt entschlüsselbar, z.B. in der Erfahrung der Harmonie. Wir finden diese Formen in vielfältigen Erscheinungsbildern, z.B. in der Umlaufbahn von Planeten, im Wachstum von Pflanzen, im Tönen der Musik, in den Rhythmen des Tanzens, wie der Daktylus-Rhythmus (s. Lander/Zohner [4]1997) und in den Proportionen des Menschen; diese Dreiteilung finden wir im Finger, im Arm, der Hand, im Kopf, im gesamten Menschen. Welche heilenden, harmonisierenden energetischen Auswirkungen diese Proportionen auf den Menschen und andere Geschöpfe haben, können wir ahnen und behutsam nachempfinden, staunendes discretio als rechtes Maß, als göttliches Maß sehen.

Wäre zu Zeiten von Hildegard von Bingen der Begriff Goldener Schnitt bekannt gewesen, vermutlich hätte sie ihn verwendet und die qualitativen Wirkweisen angedeutet, vielleicht erschaut. Und hätte G. Doczi zur Zeit von Hildegard von Bingen gelebt, wären sie sich bestimmt begegnet und er hätte vielleicht ihre Visionsbilder auf den Goldenen Schnitt hingezeichnet (s. Doczi 1994).

Ein Blick durch ein kleines Fenster zu den fernöstlichen Nachbarn, dem Land des QiGong:
Das rechte Maß als geordnet leben: „Die vielfältigen Aspekte und Phänomene des Lebens sollen als gleichwertig nebeneinander betrachtet werden: arbeiten oder studieren, lernen, QiGong üben, essen, ausruhen. Alles sollte gewissenhaft und jedes für sich achtsam ausgeübt werden. Dabei sollte die Art und Weise und die Zeit, der Ort, die Häufigkeit dem individuellen, biologischen und emotionalen Rhythmus angepaßt sein. Diese ganz individuelle Lebensordnung sollte nicht gestört werden, (Bölts 1993, S. 9). Drei Punkte sind besonders wichtig für das QiGong-Üben, jedoch auch für die gesamte Lebenssituation – Hildegard von Bingen würde sie Tugenden nennen, nämlich: Ernsthaftigkeit mit ganzem Herzen, Bescheidenheit, Beständigkeit. Dazu die Heiterkeit zu kultivieren „wird in der gesamten chinesischen Tradition als unmittelbare Gewähr für die Widerstandsfähigkeit des Körpers gegen schädliche Klimaeinflüsse und Infektionen angesehen“ (Yves 1992, S. 134). Die Gefühle sollten auf das richtige Maß gebracht werden.
Die Taoisten waren Anhänger eines natürlichen Maßhaltens. Man findet bei ihnen keinerlei Ernährungsfanatismus. „Sie waren maßvoll in ihrer Ernährung und in ihren Tätigkeiten. Sie vermieden die Überforderung, gaben acht, ihrem Körper und Geist nicht zu schaden und versetzten sich so in die Lage, hundert Jahre zu leben. Die Menschen heutzutage handeln nicht mehr in gleicher Weise, sie betrinken sich mit Alkohol, sind vermessen und verschwenderisch ... und erschöpfen sich vor der Zeit“ (Yves, 1992, S. 19). Zu beachten ist, daß dieser Text, bzw. diese Gedanken vermutlich schon rund 200 Jahre vor Christus entstanden sind – wie aktuell sie klingen.
Zum rechten Maß, mit der Betonung auf „recht“ möchten wir zur Meditation einige Überlegungen anfügen, die wir außerhalb des Hildegardischen Kontext gefunden haben:
„Das Wort Recht stammt vom lateinischen, ‚regere, rectus = lenken, gelenkt, gerichtet, später auch aufgerichtet, aufrecht‘; im Altdeutschen wurde die Bedeutung erweitert zu ‚gerecht‘, ‚berechtigt‘, später sogar zu ‚makellos‘. Dementsprechend wurde links immer mehr zu ‚Unrecht‘, mit Makel behaftet“ (Wenzel, 1995, S. 63).
Das gerichtete Maß meint auf dem christlich-religiösen Hintergrund das aufrichtende Maß (s. auch Punkt III, 4.2. und Zeichnung mit dem „aufge-

richteten Menschen im Symbol der Raute"). Durch die Erfahrung des Liegens ahne ich das Aufrichten, das Aufgerichtet–Werden. Der Gott der Barmherzigkeit und der Liebe wird uns nicht richten im Sinne des Verurteilens, sondern wird uns herrichten. So wird das herrichtende Maß zum rechten Maß, zum Maß des Heilens, zum göttlichen Maß des Fingers.

Der goldener Schnitt von

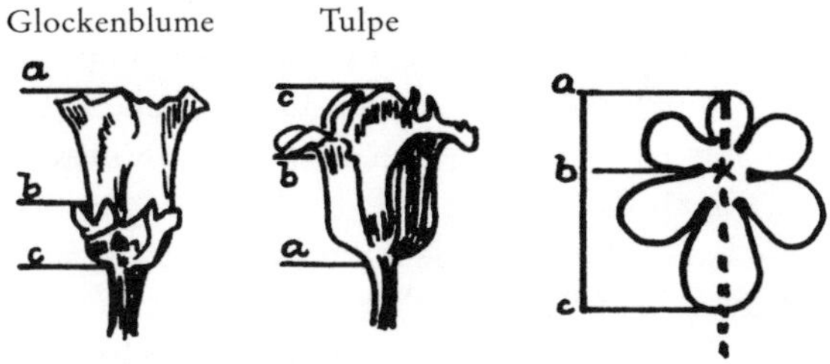

Nachzeichnung von Maria-Regina Zohner (aus: Bühler 1996, S. 80)

5.2. Schallendes Gelächter und die Selbstfindung des Clowns

Lachen ist gesund – nur Griesgrämige können dies nicht bestätigen, weil ihnen kaum ein Lächeln entkommt. Es mag stimmen, daß sich einige Leute gesund gelacht haben, denn es fördert die Atmung, durchblutet besser den menschlichen Leib mit seinen Organen, und wir erinnern uns gern an unser Lachen. Da klingt es fast drohend, wenn Hildegard das „schallende Gelächter", das wiehernde Gelächter, die überschrittene Ausgelassenheit in die Nähe „sündiger Fleischeslust" bringt. Dazu markiert Hildegard deutlich die gesundheitlichen Probleme, die entstehen können. „Der Mensch, der sich in seinen Gedanken leicht wie der Wind hierhin und dorthin treiben läßt, besitzt eine ziemlich dicke Milz; daher freut er sich leicht und lacht gerne. Wie aber Traurigkeit und Zorn den Menschen schwach und dürr machen, so macht auch unmäßiges Lachen die Milz wund, schwächt den Magen und bewirkt, daß die Säfte nicht richtig zirkulieren ... Manchmal treibt das Lachen infolge der übergroßen Erschütterung das Tränenwasser aus dem Blut in den Gefäßen so aus den Augen, wie auch der Schaum des menschlichen Samens durch die Hitze der leidenschaftlichen Lust aus dem Blut in den Gefäßen ausgetrieben wird" (Heilwissen, S. 186). Das Grölen soll die Milz verfetten. Manchmal sind die Worte Hildegards dunkel und nur mühselig erschließbar, etwas sperrig in das Ganze zu integrieren. Es soll uns Anstoß zum Darüber-Nachdenken geben: „Schallendes Gelächter und lachen. Wie sich mit Adams Sündenfall das heilige, reine Wesen der Zeugung von Nachwuchs in die andere Form der Fleischeslust verwandelte, so verwandelte sich auch die Stimme der himmlischen Freuden, die Adam besaß, in die entgegengesetzte Form des Lachens und des schallenden Gelächters. Unpassende Ausgelassenheit und Lachen haben sozusagen eine gewisse Gemeinsamkeit mit der Fleischeslust, und derselbe Wind, der das Lachen auslöst, geht vom Mark des Menschen aus und schüttelt seinen Unterleib und seine Eingeweide" (Heilwissen, S. 186). Hildegard bietet ein Rezept an, so wichtig ist ihr die Regulierung des rechten Maßes im Lachen:

„Vom *unmäßigen Lachen.* Wer durch vieles und unmäßiges Lachen erregt und erschüttert Schmerz empfindet, soll eine Muskatnuß zu Pulver stoßen, diesem zweimal weniger Zucker zufügen, in gewärmten Wein schütten und davon sowohl nüchtern wie nach dem Frühstück trinken. Das unmäßige Lachen trocknet nämlich die Lunge aus und erschüttert die Leber, aber die Wärme der Muskatnuß wirkt heilsam auf die Leber ein, und die Wärme des aufgelösten Zuckers stellt die Lunge wieder her. Werden diese beiden mit der gemäßigten Wärme des Weines gemischt und so getrunken, dann bringen sie die guten, durch das unmäßige Lachen in Unordnung gebrachten Säfte wieder in Ordnung." *(Hildegard von Bingen, Ursachen und Behandlung der Krankheiten, S. 295)*

Es ist das Unmäßige, das sich schädigend auswirkt, das Unmäßige, das zur Norm wird. Direkt spricht Hildegard nicht davon, aber sie wird es sicherlich gekannt und in diesem Zusammenhang vielleicht auch gemeint haben, nämlich: ein Lachen, das äußerlich nicht wiehernd oder übermäßig klingt, das jedoch die Seele vergiftet. Wer kennt es nicht bei sich, das aggressive Auslachen, Weglachen, das von einer Gruppe hinausgelacht werden, das schadenfrohe Lachen, das überhebliche, das mißgünstige, das hochmütige, überhebliche, das diebische, hämische, das diabolische Lachen. „Auslachen ist verletzend und geht den Weg des Sündenbock-Jagens" (Lander/Zohner, 1997, S. 51). Im Lachen ist auch immer ein Stück Aggression, die destruktiv werden kann, vor allem jedoch konstruktiv angelegt ist.

Von „inneren Erschütterungen" sollten sich die Menschen im „alten China" fernhalten, wenn sie eine gesunde Lebensführung anstrebten. Wir wissen nicht, was konkret damit gemeint ist. Vielleicht zählen sie dazu das Grölen, das unmäßig-schallende Gelächter. Sie setzten und tun es immer noch auf die Kultivierung der Heiterkeit, die das Lachen in einem guten Maß einbindet.

Lachen und Freude, Heiterkeit und geschenktes Lächeln – es kann nicht gesundheitsschädigend sein, wenn wir sie mit dem Gutsein verbinden und wenn wir um die Vergiftungserscheinungen wissen. Jemand, der nichts zum Lachen hat, muß sich bedauern. Schon die Erinnerung an das Lachen von Herzen kann heilsam und ein Zu-sich-selbst-Finden wohltuend sein. Das Selbst mit dem geschenkten Lachen erschaffen.

Horchen wir auf den Clown August:
„Eindrücklich beschreibt Miller, wie der Clown August die Menschen nicht nur zum Lachen, zum Weinen bringen wollte, sondern auch zur Freude, die sich ständig neu erwecken soll. Er scheitert an seinem Ziel, weil er seine eigenen Grenzen überschritten hatte, wie er meint, denn Freude ist eine Gabe Gottes, fließend und nicht zum Festhalten. Der Clown August konnte meisterhaft zur Freude hinführen, sie jedoch nicht für andere machen oder festhalten. In seiner eigenen Tragödie über diese Erkenntnis „überkam es ihn plötzlich…, das niemand zu sein oder jemand oder jedermann zu sein, ihn keineswegs daran hinderte, er selbst zu sein … Wenn August sich selber findet, beginnt das Leben – und nicht nur für August, sondern für die ganze Menschheit“ (Miller 1994, 67 u. 76, vgl. Lander/Zohner, Lehrerlebnis 1997, S. 49).
Lachen und discretio, das rechte Maß, sind machbar und Geschenk zugleich. Es braucht die eigene Bereitschaft und die Hingabe an das Herzens–Lachen, an göttliches Lachen, dem kann Hildegard sicher nicht widerstehen.

5.3. Lächeln im Auge des Sturmes
– Übungen zu den winzigen Proportionen des Lächelns

Die Freude ist groß, wenn ein Kind das erste Mal lächelt, lacht. Lächeln ist in jedem Menschen und für jeden Menschen. Eines der schönsten Gewänder Gottes ist das Lächeln, behutsam im Entstehen, blühend in der Fülle, sanft im Vergehen.
Eine Kultur des Lächelns kennen wir aus fernöstlichen Religionen – wir möchten ausleihen. Lächeln kann das Lachen des Herzens begleiten, in feinen Strichen umspielen. Wir wollen Hildegard dieses Lächeln schenken, damit für sie das Lachen nicht so widerborstig wird.
Lächeln ist eine sanfte, zärtliche, bestimmte und absichtslose Form der Heiterkeit und Achtsamkeit. Lachen und Lächeln sind Geschwister, ähnlich und unterschiedlich.
Mit Lächeln meinen wir nicht das eingefrorene „Käse-Lächeln“, das nicht mehr fließt. Lächeln ist unterschiedlich, in Formen, Zeiten und Wirkweisen. Obwohl absichtslos, sind sie doch immer bewußt, achtsam, gefüllt mit der Seele und dem Geist. So wie Hildegard von Bingen ihre Visionen schaute und erschauderte, so ereignet sich Lächeln mit wachem Geist und offenen Auges.
Immer wird Lächeln begleitet sein mit einem Moment der Stille, des In-Ruhe-Treten, wie kurz oder lang es sein mag. Es gibt verschiedene Formen des Übens, anfangs „gemacht“, später als Ereignen-Lassen:

- Lächeln im langsamen Spannen und Entspannen des Gesichtes, zuerst außen, dann innen. Das entstandene Lächeln nicht festhalten, es gehen lassen, damit es wieder neu blühen kann;
- Lächeln zuerst sich selbst schenken, dann
- Lächeln anderen schenken, im konkreten Gegenüber oder in der inneren Vorstellung;
- Lächeln wird äußerlich bewegt und innen geleitet, strömend Thich Nhat Hanh spricht vom Halb-Lächeln;
- durch das Strömen können wir das Lächeln an jeden Ort des Körpers lenken, zu jedem Menschen, zu jeder Pflanze, zu jedem Tier, zu Elementen des Kosmos;
- Lächeln ist zeitlich gesehen kurz, in der Wirkung und Erinnerung jedoch zeitdehnend; morgens mit Lächeln beginnen, kann es den ganzen Tag begleiten und in die Nacht hinüberströmen.
- mit dem Lächeln spielen, äußere „Techniken" ausprobieren, eigene Formen finden. Zum Beispiel:
  - beim Einatmen lächeln und beim Ausatmen entspannen oder
  - beim Einatmen entspannend ruhen und beim Ausatmen lächeln. Dabei den Atem nicht regulieren, sondern so kommen und gehen lassen, wie er im Moment ist;
- Lächeln kann zu jeder Zeit mit Aktivitäten des Tages verbunden werden:
  - beim Kaffee-Kochen oder Tee–Zubereiten am Morgen;
  - beim Beten, einer Meditation, QiGong-Üben;
  - wenn das Telefon läutet, einige Mal bewußt atmen und lächeln, dann erst den Hörer abnehmen, auch den inneren Hörer (s. auch Thich Nhat Hahn, Zeiten)
  - Lächeln im Sitzen, Stehen, Liegen, Gehen, im Innehalten der Gedanken, in der Trauer des Herzens oder wenn Freude überquillt;
  - lächelnd in den Schlaf – es wirkt wie Balsam, wohlriechend.
- QiGong-Üben wird oft mit dem Lächeln begleitet, eingeleitet, abgeschlossen. Prof. Cong, China meint sinngemäß: zuerst das eigene Herz heilen, auch in der Zerrissenheit, der Leere und Dunkelheit sich selbst zulächeln

Eine Übung aus und für QiGong:
„Das Lächeln beginnt damit, daß wir ein leichtes Lächeln entstehen lassen und beobachten, wie es sich im Gesicht ausbreitet: die Mundwinkel weisen nach oben, die Augenwinkel nach unten. Auf diese Weise werden viele Meridiane und Meridian-Punkte im Gesicht entspannt. Es dauert vielleicht eine Weile, vielleicht aber auch nur einen Augenblick, bis die innere Gestimmtheit diesem Lächeln folgt. Es stellt sich ein Gefühl sanfter, freundlicher Heiterkeit ein, warm, ruhig und hell.
Dann richtet sich die Aufmerksamkeit auf den Scheitelpunkt, so daß sich

der „Himmelspaß“ entspannt und öffnen kann. Die Anweisung lautet:

- Aus den Augen lächeln. Anmerkung: oder aus dem Punkt zwischen den Augenbrauen (Yintang)
- Aus dem Scheitel lächeln.
- Aus der Brust lächeln.

Das Lächeln, das heißt das dadurch ausgelöste sanfte, warme Gefühl breitet sich schließlich im ganzen Körper aus, bis in die Hände und Füße. Die Bereitschaft, es sich ausbreiten zu lasen, ist die einzige „Aktivität“ die dazu nötig ist. Wenn das Lächeln den gesamten Körper ausfüllt, darf es sich noch weiter ausbreiten – es strahlt über die Haut hinaus.

Die Erfahrung hat gezeigt, daß diese Übung ein wirkungsvolles Mittel gegen depressive Neigungen darstellt. Man kann sie zum Beispiel regelmäßig morgens nach dem Aufwachen und abends vor dem Einschlafen praktizieren“ (Olvedi 1994, S. 151).

Eine Erzählung zum meditativen Bedenken:

(verändert nacherzählt aus Thich Nhat Hanh 1991, S. 59)

Eines Tages hielt der Buddha vor einer Zuhörerschaft eine Blüte hoch. Lange sagte er nichts. Alle schienen angestrengt nachzudenken und zu versuchen, die Bedeutung der Geste des Buddha zu verstehen. Dann lächelte der Buddha. Er lächelte, weil einer der Zuhörer ihn und die Blüte anlächelte. Ein Mönch lächelte als einziger und der Buddha lächelte zurück und sprach: „Ich habe einen Schatz der Einsicht und ich habe ihn dem Mönch übergeben.“ Ich meine, die Geschichte bedeutet etwas ganz Einfaches. Wenn jemand eine Blüte hochhält und sie dir zeigt, möchte er, daß du sie siehst. Wenn du weiter nachdenkst, entgeht dir die Blüte. Der Mensch, der nicht nachdachte, der nur er selber war, konnte der Blüte intensiv begegnen und lächelte.

Wenn wir nicht ganz wir selbst sind, wahrhaft im gegenwärtigen Moment, verpassen wir alles… „

Wir erinnern an den Clown August.

Ein Gedicht zum Erspüren:

(aus: Christ in der Gegenwart, Nr. 34, v. 24.8.1997, S. 279, Verfasser unbekannt).

Von Überall her

Mit ruhigen Schwingen
gleitet der Vogel dort
am Himmel hin.

Im Nachschauen fühl ich wie er
die goldene Luft
mich umschmeicheln.

Mit einemmal weiß ich:
Gott, du bist es,
das Überall der Luft,
hautnah und himmelfern.

Und von überall
trifft mich dein Lächeln,
unsichtbar wie die Luft,
fühlbar wie die Luft.

Aus der französischen Zeitschrift „Prier“

Nachzeichnung von Maria-Regina Zohner
Foto von A. Shearer in: Buddha, 1995

5.4. Kranich und lächelnder Drache im Himmelskreislauf – Qigong-Übung mit dem Maß des Kosmos im Kleinen

erarbeitet und beschrieben von Hilda-Maria Lander nach der QiGong-Form „Fliegender Kranich“, 3. Form, Eingangs-Bewegung (s. Wenzel 1995 und Schillings/Hinterthür ³1992).

Discretio, das rechte Maß nach Hildegard von Bingen wirkt hier als Ordnungskraft. Das kosmische Maß findet sich wieder in den Tieren, die ihre Gesetzmäßigkeit im Grundsatz nicht überschreiten. Wesens-Elemente dieser Tiere finden sich wieder in der QiGong-Übung des Menschen. So vollzieht sich in winzigen Teilen der große Kreislauf des Universums in dieser QiGong-Bewegung. Der lächelnde Drache stellt die Negativ-Deutung des Drachen in manchen Kulturen in Frage. – Der Kreislauf wirkt mit dem Aufgehen und Untergehen und Wieder-Aufgehen als winziger Mikro-Kosmos. Der goldene Schnitt zeigt sich in diesen Bewegungen – die göttlichen Proportionen in kleinsten Bewegungen werden heilsam.
Traditionell werden QiGong-Formen ohne Musik geübt. Es ist jedoch möglich, gegen Ende der Übung mit Musik zu begleiten. Es kann jede tragende, ruhige Musik verwendet werden.

Unsere Musikvorschläge:
Ubi caritas, CD Wach im dunklen Garten von Enrico Intra, Kreuz-Verlag 3–7831.1286–9, oder
Jan Nang Go, CD Syrah meets Ubar von Art Fortland, BFM 87 4024–2
Diese QiGong-Übung ist im Sitzen, Stehen und in vereinfachter Form im Liegen möglich.
Die wichtigsten Konzentrations- und Aufmerksamkeits-Punkte in dieser Übung sind:

Hilda-Maria Lander / Maria-Regina Zohner
Bewegung und Tanz – Rhythmus des Lebens
Handbuch für die Arbeit mit Gruppen
5. Aufl. 1998. 228 S. Kt.
DM 35,– / ÖS 256,– / SFr 35,–
ISBN 3-7867-1387-1

Bewegung und Tanz können helfen, den Rhythmus des Lebens zu finden und körperlich auszudrücken. Die hier vorgestellten Bewegungsangebote und vielfältigen Tanzformen sind nicht nur bewegungstechnisch zu sehen, sondern sind eingebunden in Symbole und Sinn-Bilder, die heilend auf den Menschen wirken.
Dieses Handbuch ist für alle, die in Gruppen arbeiten, eine praktische Materialsammlung mit vielfältigen Ideen. Zu den meisten Tänzen werden mehrere Varianten vorgestellt.

Hilda-Maria Lander / Maria-Regina Zohner
Trauer und Abschied
Ritual und Tanz für die Arbeit mit Gruppen
132 S. Kt.
DM 32,– / ÖS 234,– / SFr 30,40
ISBN 3-7867-1602-1

Trauer und Abschied sind nicht nur seelische und geistige Prozesse, sondern werden auch körperlich erfahren. Als geeignetes Ausdrucksmittel in der Trauerbewältigung haben sich Bewegung und Tanz bewährt. Die Autorinnen stellen in diesem Buch fast vergessene Rituale, Klage- und Freudetänze sowie vielfältige Formen der Bewegung vor, die sich sowohl für die Arbeit mit einzelnen als auch mit Gruppen hervorragend eignen.

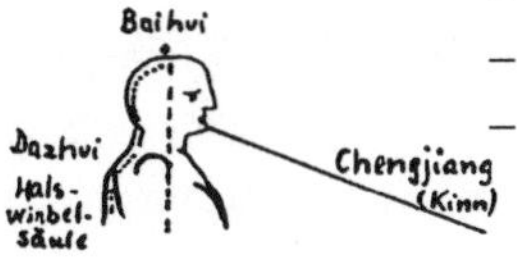

- Kinn > Chengjiang
- Halswirbelsäule > Dazhui
- Drachenhörner > Quinhung-quiaos

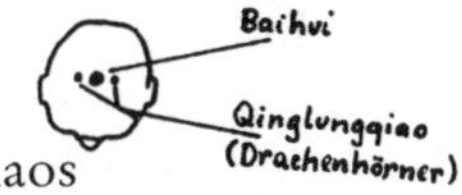

Zu jeder QiGong-Übung gehören Einstimmung, Bewegungsfolge und Abschluß; innerhalb der Bewegungsfolge wird hier noch eine Zwischenübung vorgeschlagen.

Einstimmung:
Füße stehe parallel schulterbreit, leicht im Knie gebeugt, Hände übereinander aufs Dantian (ca. 3 cm unterhalb des Bauchnabels) legen, sich sammeln, zur Ruhe kommen, in der Vorstellung in das Haus der Lebens-Energie (QI) eintreten.

Bewegungs-Folge:

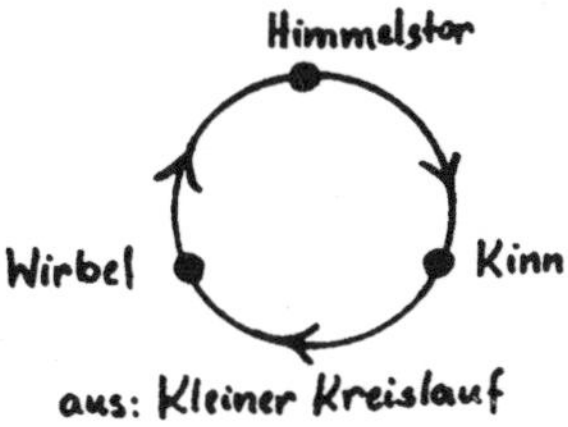

1. *Kranich kreist mit seinem Kopf*
1.1. Das Kinn wird nach vorne gezogen, der Unterkiefer entspricht dem Schnabel des Kranich, Aufmerksamkeit auf das Kinn
1.2. Das Kinn wird sanft an den Körper herangezogen (Doppelkinn)
Aufmerksamkeit auf Halswirbel (Dazhui)
1.3. Der Kopf richtet sich auf, vom Halswirbel nach oben strecken, Aufmerksamkeit auf Himmelstor, dabei wird ein wenig *in die Knie gegangen,* Aufmerksamkeit nach unten.
Die Bewegungen 1.1. bis 1.3. werden *3 x ausgeführt,* wobei jedesmal die Knie mehr gebeugt werden.

2. *Der kleine Drache steigt lächelnd aus dem Meer*
2.1. Den Kopf nach links pendeln und hochziehen, den Kopf nach rechts pendeln und hochziehen; insgesamt 3 × im Wechsel links, rechts, so daß Kopf-Pendel-Bewegung 6 × und beim 7 × ist der Kopf in der aufrechten Ausgangsstellung in der Mitte. Aufmerksamkeit auf Drachenhorn links, Drachenhorn rechts im Wechsel, am Schluß auf Himmelstor.

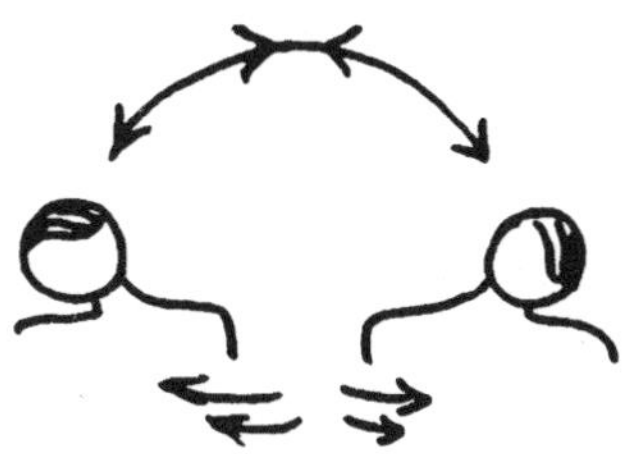

2.2. gleichzeitig mit 2.1. werden die Knie, Beine immer mehr gestreckt, der Körper aufgerichtet, so daß am Ende aufrechte Ausgangshaltung.

Abschluß:
Hände aufs Dantian legen, sich wieder zur Ruhe sammeln, nach einiger Zeit den linken an den rechten Fuß stellen, Hände lösen und hängen lassen und mit dem rechten Fuß aus dem Haus der Lebens-Energie hinaustreten, also langsam weggehen.

Zwischen-Übung:
Tigermaul 3 mal öffnen und schließen
- Handrücken in Höhe des Dantian stellen, so daß die Handinnenflächen nach außen schauen; die Hände mit sanfter Schubkraft nach außen führen, ausatmen
- Hände drehen, so daß Handinnenflächen zueinander zeigen; mit sanfter Schubkraft werden die Hände zusammengeführt, einatmen.
  Innere Vorstellung: *öffnen und schließen.*
  Diese kleine Übung reguliert den Blutdruck, mindert die Belastung des Herzens und trägt zur körperlich-geistig-seelischen Beruhigung bei (nach Bölts 1993, S. 29)

Gesamtverlauf mit Zwischen-Übung:
- Einstimmung
- Bewegungsfolge 3 × mit Kranich und Drache hintereinander
- Zwischen-Übung, 3–6 ×
- Bewegungs-Folge 3x mit Kranich und Drache hintereinander
- Zwischen-Übung, 3–6 ×
- Bewegungs-Folge 3x mit Kranich und Drache hintereinander
- Abschluß

Wirkweisen der Übung:
Die Hals- und Kopfbewegungen als kleiner Kreislauf sind den Bewegungen des Kranich (Kranich-Kopf) nachempfunden; sie dienen dazu, die Energie fließen zu lassen, zu entspannen, zu beruhigen und zu erfrischen; zugleich entspannen sie. Die Bewegungen der „Drachenhörner" beim kleinen Drachen fördern das Gleichgewicht. Durch das Lächeln bei den Drachen-Bewegungen entsteht Heiterkeit, Konzentration und Aufmerksamkeit.

Wirkungen:
der einzelnen Konzentrationspunkte durch die Bewegungen:

Himmelstor – Baihui, oberster Akupunkturpunkt, „Hundert Zusammenkünfte". Alle Kraftlinien des Organismus treffen in diesem Punkt zusammen – genauso wie die Kraftlinien des Magnetfeldes der Erde im magnetischen Nordpol zusammenkommen.

Baihui hat eine beruhigende und ausgleichende Wirkung. Die Gedanken kommen zur Ruhe, man fühlt sich zentriert, wenn die Aufmerksamkeit darauf gerichtet ist.

Kinn – Chengjiang, Flüssigkeit auffangen, Speichelaufnahme
Lage: in der Mitte zwischen Kinnspitze und Unterlippe
Regt den Speichelfluß an, stärkt das Bedürfnis, sich mitzuteilen, was man auf dem Herzen hat.
Fördert den Ausdruck von Gedanken und Gefühlen; stärkt die Verbindung der Innenwelt mit der Außenwelt, macht präsent ins Hier und Jetzt.

Speichel wird auch genannt als das „Himmelswasser", das „Goldwasser", sehr wohl wissend, daß es viele heilende Substanzen enthält. Ein guter Speichelfluß ist wichtig.

Halswirbelsäule – Dazhui, großer Wirbel
Lage: Unter der Dornfortsatzspitze des 7. Halswirbels
Dazhui bringt die Energie im Nacken, in den Schultern und Armen zum Fließen. Spannungen im Kopf, Gesicht, Kiefer, im Hals, Schultergürtel und im oberen Teil des Brustkorbes, Steifheit der Wirbelsäule, lösen sich, gleicht aus und gibt Stärke und Kraft.

Heilsame Wirkung ritualisierter Gebetsbewegung:
Durch die Kopfbewegungen von Himmelstor zum Kinn zur Halswirbelsäule und wieder zum Himmelstor entsteht eine Art „kleiner Kreislauf oder Himmelskreislauf", der die Energie sinken und steigen läßt, dadurch entspannt und kräftigt.
Der kleine Himmelskreislauf des Kopfes, innerlich mit dem gesamten Körper mitvollzogen, kann mit den Kopf-Verneigungen mit verschiedenen Gebetsformen verknüpft werden, z.B. bei „Ehre sei dem Vater".
Nach QiGong-Auffassung wird die „Scheitelpunkt-Kraft" (Bahui-Himmelstor) ehrfürchtig bedacht und bewegt. Die äußere Bewegung kann minimal sein, wichtig und wirksam ist dabei die innere Vorstellung: mit dem Kopf-Gewölbe (Schädel-Dach) das Himmelsgewölbe stützen und die Energie der Erde zum Himmel bringen, dann die Himmelsenergie zur Erde strömen lassen.
Die Scheitel-Kraft – welch ungewöhnliche Orientierung für unser Denken, welch innewohnende Hoffnung mit behutsamer Grenzerfahrung zwischen Erde und Himmel, vollzogen durch den Menschen.

Drachenhörner – Qinglungquias (s. Der fliegende Kranich, Schillings)
Lage: seitlich vom Himmelstor, rechts und links von Baihui

Durch die innere Verbindung der beiden Drachenhörner entsteht Beruhigung und Gleichgewicht. Wie auf einer Wasserwaage wird links und rechts im Wechsel betont um dann zur Mitte zu kommen. Wirkt integrierend auf Verstand und Gefühl.

Durch die Pendelbewegungen rechts und links und Nach-oben-Ziehen entsteht Gleichgewicht, man fühlt sich klar, wach und präsent, es „ordnet" das Gehirn, hilft bei Erregung und Angstzuständen; reinigt die Nase durch Nasenzugänge in der Pendelbewegung.

Durch die Vorstellung des kleinen *lächelnden*, sich bewegenden Drachenkopfes kann Heiterkeit und Entspannung entstehen (s. auch Ausführungen zu Lächeln und Drachensymbolik). Sich selbst, besonders seinem Kopf und Hals innerlich zulächeln wirkt nach einiger Zeit intensiv. Durch Druck der Mittelfinger auf die Drachenhörner können „rasende" Kopfschmerzen sich verlieren; dabei Aufmerksamkeit auf die Drachenhörner beim Massagedruck.

Hintergrund und Bedeutung von Kranich, Drache, Lächeln, Lachen

Kranich

Sichtweisen Hildegards und chinesische Bedeutungen sind in der QiGong–Übung „Tigermaul und Kranichflügel" beschrieben. Obwohl sich die Bewegungen des Kranich hier nur auf Kopf, Hals und Nacken als Kreislauf zentrieren, gelten die Bedeutungen gleichermaßen. Die Ost-Asiaten wünschen sich auch heute noch zu Festlichkeiten: „Mögest Du so lange leben und so glücklich sein wie ein Kranich" (Schillings/Hinterthür [3]1992, S. 27f). Er wird in der traditionellen chinesischen Medizin gesehen, z.B. das Blut des Kranich kann die Abwehr stärken, Erkältungen vertreiben, die Lungen unterstützen.

Drachen

Sichtweisen sind unterschiedlich:

Bei Hildegard von Bingen ist der Drache eher den „teuflischen Kräften" zugeordnet; sein Wesen wird einer feurigen Zügellosigkeit gleichgesetzt; er haßt den Menschen. Er ist ungeeignet für menschliche Heilmittel, mit Ausnahme seines Fettes. In sehr eingeschränktem Maße soll sein Blut heilsam sein gegen „einen Stein", den mancher Mensch in sich hat. „Kein Mensch aber esse und trinke von seinem puren und einfachen Blut, denn wenn ein Mensch das täte, würde er sogleich sterben" (Physica, in: Physica, Übersetzung, Portmann 1993, S. 502f)

Chinesische Sichtweise: „In China und Japan wird er als glückbringend und dämonenabwehrend verehrt. Er verleiht Fruchtbarkeit, weil er mit den Kräften des Wassers ... in engem Zusammenhang steht" (Herder-Lexikon, Freiburg/Br. [3]1978, S. 36).

Je nach Sichtweise wird der Drache als weiblich (... siehe auch die Abwertung der Frau als Hausdrache) oder männlich oder beides vereint angesehen. In manchen Religionen gilt er als gottfeindliche Urmacht (Satan), die überwunden werden muß. So sind Drachentöter-Mythen entstanden mit – St. Georg, St. Michael, Siegfried, Zeus, die apokalyptische Frau mit dem siebenköpfigen Drachen. Noch heute kennen wir Drachen-Stich-Legenden und Schauspiele.

„Der Drache kommt aus dem Feuer ... bzw. wenn er dem Meer entsteigt, ist er (wie) die Sonne, seine Farbe ist grün, verbunden mit dem Osten der Leber, dem Holz und dem Frühling" (Lexikon östlicher Weisheitslehren). Wenn wir in *Drachenblut* baden, ein Lindenblatt soll uns gnädig sein, daß wir verwundbar bleiben (in: Neumann, 1997).

Wir sehen in dieser QiGong-Übung den lächelnden Drachen, der aus dem Meer des Lebens emporsteigt wie die Sonne, also keine feindliche Macht darstellt. Wir negieren damit nicht, daß es schädigende Kräfte gibt, wollen sie jedoch nicht dem Drachen anhängen.

Lächeln – Lachen

Die Kraft des inneren Lächelns mit Heilwirkungen und die problematischen Wirkungen des unmäßigen Lachens nach Hildegard sind beschrieben in 5.2. Schallendes Gelächter und 5.3. Lächeln im Auge des Sturmes.

Literatur

Bölts, Johann, Das Daoyin-QiGong, Chinesische Übungen zur Pflege der Gesundheit, Universität Oldenburg 1993

Bühler, Walther, Das Pentagramm und Der Goldene Schnitt als Schöpfungsprinzip, Verlag Freies Geistesleben, Stuttgart 1996

Doczi, György, Die Kraft der Grenzen – Harmonische Proportionen in Natur, Kunst und Architektur, Dianus-Trikont Buchverlag, München 1984

Eckert, Achim, Das Tao der Medizin, Haug-Verlag, Heidelberg 1996

Herder Lexikon, Symbole, Herder, Freiburg/Br. [3]1978

Hildegard von Bingen, Heilkraft der Natur, Physica, Übers. Portmann, Pattloch-Verlag, Augsburg 1991

Hildegard von Bingen, Heilwissen, von den Ursachen und der Behandlung von Krankheiten nach der hl. Hildegard von Bingen, Pawlik Manfred (Hg.), Pattloch Verlag, Augsburg [2]1990

Hildegard von Bingen, Der Mensch in der Verantwortung, Das Buch der Lebensverdienste – Liber Vitae Meritorum, übers., erl. Heinrich Schipperges, Herder Verlag, Freiburg/Br. 1994

Jiao, Guorui, Das Spiel der 5 Tiere, MLV, Uelzen 1992

Lander Hilda-Maria/Zohner Maria-Regina, Meditatives Tanzen, Kreuz Verlag, Stuttgart [4]1997

Lander, Hilda-Maria/Zohner Maria-Regina, Lehrerlebnis Tanz, Meditatives Tanzen in Gruppen, Grünewald-Verlag, Mainz 1997
Lautenschläger, Gabriele, Hildegard von Bingen, die theologische Grundlegung ihrer Ethik und Spiritualität, Frommann-Holzboog, Stuttgart 1993
Lexikon der östlichen Weisheitslehren, Barth Verlag, 1986
Miller, Henry, Das Lächeln am Fuß der Leiter, mit Illustrationen von Joan Miro, rororo, Reinbek 1994
Olvedi, Ulli, Das Stille Qi Gong nach Meister Zhi-Chang Li, Meditative Energiearbeit – Vitalisierung und Harmonisierung der Lebenskräfte nach taoistischer und buddhistischer Tradition, Barth Verlag, München 1994
Neumann, Peter Horst, in: Der Bote vom 23.4.1997
Schillings/Hinterthür, Qi Gong, Der Fliegende Kranich. Die selbstheilende Kraft meditativer Bewegungsübungen für Körper, Seele und Geist, Windpferd Verlag, Aitrang [3]1992
Thich Nhat Hanh, Ich pflanze ein Lächeln, Der Weg der Achtsamkeit, Goldmann Verlag, München 1991
Thich Nhat Hanh, Zeiten der Achtsamkeit, Hg. Bossert/Meutes-Wilsing, Herder, Freiburg/Br. 1996
Wenzel, Gerhard, QiGong, Quelle der Lebenskraft, Ed. Tau, Sauerbrunn 1995
Yves, Requena, QiGong, Das geheime chinesische Übungssystem für Lebenskraft und Langlebigkeit, Goldmann Verlag München 1992

6. Weisheit schmecken

6.1. Weisheit – ein Schöpfungsgewand, gewoben aus der Sehnsucht des Menschen und göttlicher Ur-Anfangs-Idee

„Du auch führest meinen Geist,
der deine Lehre trinkt,
ins Weite
wehest Weisheit in ihn
und mit der Weisheit die Freude."

(Hildegard von Bingen, Auszug aus einer Lied-Sequenz, in: Riedel 1994, S. 178)

Vielleicht ist es die Verbindung der Unruhe des menschlichen Herzens und einem ruhenden Sein, damit eine solche Vielfalt von Weisheits-Vorstellungen, Weisheits-Wegen, Weisheitsorten in allen Kulturen und Religionen entstehen konnte.
Die Sichtweisen von und über Weisheit spannen sich von ähnlich bis konträr, je nach der religiös-philosophischen Ausrichtung und dem Zeitpunkt der Menschheitsgeschichte. Ständig bleibt die tastende Frage: Ist Weisheit die Weltenseele, die Welten-Schöpferin, ist sie Gespielin und Beraterin Gottes, ordnet sie in weisem Maß den Kosmos, hält und lenkt sie ihn, ist sie die Mutter-Gottheit oder die Mutter-Gottes, ist sie der weibliche Anteil Gottes oder seine erste Sekretärin? Ist sie unerschaffen aus sich oder wurde sie er-

schaffen, noch vor Schöpfungsbeginn? Ist Sophia eine personifizierte Gestalt oder eine Kraft, die allem Lebendigen innewohnt, ein göttliches Prinzip?
Es wird gut sein, wenn wir auch in diesen Fragen Suchende sind, mit einem wiegenden, wägenden Standpunkt. Geehrt, verehrt, respektiert und geliebt ist sie, die Weisheit, für den Menschen ein schönes, gütiges, kundiges, helfendes und weisendes Gegenüber.
„Sich mit der Weisheit zu identifizieren anstatt sich auf sie zu beziehen, ist die Gefahr, die wohl mit jeder Weisheitssuche verbunden ist" (Riedel 1994, S. 44).

Eine kleine Expedition durch Wortwurzeln, eine Annäherung an tradiertes Wissen. Einige begriffliche Einfassungen (weitgehend nach Schipflinger 1988).

- Sophia (griech.) wohl die bekannteste Bezeichnung. Das Wort stammt von sophos = weise, verständig, geschickt, schlau, kunstfertig. Sophia ist die Idee der Ideen, das „kalon", das Schöne und Gute. „In ihr als Weltseele sind die Ideen enthalten, nach denen sie den „Kosmos formt" (S. 37). „Weisheit, Kennen und Können, Schalten und Walten, Schönheit und Macht, Huld und Güte, Adel und Gnade, Glück und Heil, Gesundheit und Ganzheit sind in dem einen Wort Sophia enthalten" (S. 283).
- Weisheit als Sapientia (lat.). Sapientia kommt von sapio, sapere = schmekken, verstehen, erkennen, wissen (S. 284).
- Weisheit als Chokma (hebräisch) ‚kommt von Hakam = weise, klug, kundig Wissen, Erkenntnis gepaart mit der Fähigkeit, das Erkannte praktisch zu verwirklichen‘ (S. 284).
- Weisheit als Zhihui (chinesisch). Das Wort setzt sich zusammen aus Zhi und Hui.
  Zhi = Wissen, Verstand, Geist, Klugheit. Mit Zhi wird im buddhistischen Schrifttum der Sanskritbegriff ‚Prajña‘ übersetzt. Adjektivisch bedeutet zhi klug, weise, intelligent. Das Zeichen dafür ist ein Pfeil, sowie ein offener und geschlossener Mund. Wahrscheinliche Bedeutung davon ist: Zielgerichtetes und treffsicheres Sprechen bzw. Nicht–Sprechen = Reden oder Schweigen = Zeichen von Klugheit und Weisheit. Zhi betont mehr die geistige, intellektuelle Seite der Weisheit.
  Hui = weise, klug scharfsinnig, fähig, kundig. Zeichen dafür ist ein Herz + Hand + Besen. Offensichtliche Bedeutung: Ganzheitliche (Herz) Fähigkeit (Hand) zum Saubermachen (Besen) d.h. zur Wiederherstellung von Ordnung und Schönheit. Mit „Hui" wird wohl mehr die praktische Seite der Weisheit und ihre Hinordnung auf Ordnung und Schönheit betont. Zhihui bedeutet also sowohl die theoretische, intellektuelle Erkenntnis als auch die praktische Fähigkeit, das Erkannte mit Herz, klug

und tatkräftig zu verwirklichen. Eine ideale Synthese von Kopf, Herz und Hand (S. 285). Damit ist der Bogen zum Qi und QiGong als Handlungsform gespannt (s. Punkt 1.1), indirekt auch zu Viriditas, der Grünkraft.

Weisheit im Worttraffer und gleichzeitiger Dehnung des Augenblicks in die Vergangenheit und vielleicht auch Zukunft.

Die *Weisheit* ist die Wissende und Weisende, die recht Ratende und Führende.

Die *Chokma* ist die Majestätische, Mächtige, die den Menschen Wohlmeinende (hebräisch). Die *Sapientia* ist die Spürende, Schmeckende, Erkennende (lateinisch).

Die *Sophia* ist die Schauende und Achthabende, die Lenkende (griechisch).

Die *Premudrost* ist die Überweisheit, die vor und über jeder Weisheit steht (russisch).

Die *Wisdom* ist die Wissende, die Geist und Witz Besitzende (englisch).

Die *Zhihui* (Dschöchwei) ist das polare Zusammenspiel von Kopf, Herz + Hand (chinesisch).

Die *Sherab* ist die das Absolute (Buddha) Erkennende und Genießende (tibetisch).

Die *Prajña* ist die Vor-Erkennende, die Übererkenntnis, das Überwissen (sanskrit).

(S. 285/286)

Der grüne Seidenmantel der Weisheit – Hildegards unerschöpfliche Weisheitskraft

Es schien so einfach – zunächst –, die eigene Sehnsucht danach, weise zu sein, weise werden zu wollen, zu ergründen und zu fragen, was Weisheit sein könnte. Die Blüten auf dem Wasser, die Blüten im Baum, das Blühen der Wurzeln, die Blüten am Himmelsgewölbe aufgehängt, die Blüten im Stein, Schmuck des Menschen als Blüten – wo findet sich da Weisheit? Wir sind bescheiden geworden, erst widerwillig, dann doch etwas mit Freude. Die Schöpfung und Weisheit im Gesamt zu erfassen, gleichzeitig im Detail und in der Bezogenheit wahrzunehmen, das können wir nur ahnen, und die Sehnsucht bleibt.

Die Lust entstand, als wir die Schönheit von Sophia in winzigen Details entdeckten, bis hinein in farbige Nuancen unserer Seele. Wir möchten einige dieser faszinierenden Winzigkeiten in das geschriebene Wort einleuchten. Wir möchten anbieten, aufzählen, zur Bewegung ermuntern und anderen Menschen übergeben. Wir möchten sie anregen, Es zu bedenken, zu beschauen, zu bewegen, zu betanzen, den Saum des Feuers anzufassen, ohne zu verbrennen. Es sind Ausschnitte aus dem Gewand der Weisheit, kunstvoll bestickt, ohne das Gewand zu zerschneiden. Einige der Blütenblätter leihen wir uns aus dem Buch von Ingrid Riedel (s. Literaturliste) und setzen die geborgte Seitenzahl dazu.

- „Mit Weisheit habe ich das All geordnet. Ich, das feurige Leben göttlicher Wesenheit, zünde hin über die Schönheiten der Fluren, ich leuchte in den Gewässern und brenne in Sonne, Mond und Sternen. Mit jedem Lufthauch, wie mit unsichtbarem Leben, das alles erhellt, erwecke ich alles zum Leben so ruhe ich in aller Wirklichkeit verborgen als feurige Kraft“ (Riedel in Schipperges 1965, S. 19).
  Wir verweisen auf das Visions-Bild in Punkt 2.2.
- Auf der Suche nach einer Theologie der Weisheit, nach einer neuen Theologie der Natur und des Kosmos, sollten wir Hildegard hören (S. 20f) und die heilende Kraft der Weisheit schauen.
- Sophia ist Mitschöpferin, die von Anfang mit Gott kooperiert. Sie stellt die Seite Gottes dar, die dem Kosmos die Bewegungsgesetze einstiftete (S. 90), also das rechte Maß und Gesetzmäßigkeit bedachte.
- Weisheit wirkte nicht nur auf die Schöpfung ein, sondern sie ist auch auf die Heilsgeschichte zu beziehen. Sie verkörpert die rechte Ordnung in der Natur und im Kosmos und erwirkt „unter den Menschen Frieden und Gerechtigkeit“ (S. 112). „Sophia ist im besonderen Sinn Herrin der Zeit und der Gezeiten, aber auch der Pflanzen und Tiere in ihrem Werden und Wachsen, der Triebe, der Emotionen und Gedanken, der Natur außerhalb der Natur innerhalb des Menschen, seines Körpers und seiner Seele“ (S. 91).
- Im Kosmos-Mensch-Bild ist Sophia, so möchten wir sie bezeichnen in rot gekleidet, in Feuer. Im Visionsbild „Die Weisheit“ ist sie in einen grünen, seidenen Mantel gekleidet. Nach Hildegards Vorstellung ist Sophia die lebendige Vermittlerin, Sachwalterin der sancta viriditas, des heiligen Grün (S. 93). Es sind immer Farben des Lebens.
- Die Gestalt der Liebe–Sophia, im gleichnamigen Visionsbild (Farbtafel XIII) ist es, die das Weltenrad in den Händen trägt. Flügel gehen beiderseits aus und Flügel erheben sich. Auf Ikonen der Ostkirche wird Sophia mit Flügeln dargestellt (S. 130). Im QiGong gibt es Bewegungen, die denen der Flügel ähneln, die reiche Energie entwickeln und die Energien von Himmel und Erde verbinden.
- Im Visionsbild X ist die Weisheit-Sophia als Königin der Gotteskräfte dargestellt, sie hat ein Haus der Weisheit, bewohnt es. An einer Stelle nennt sie übrigens auch ein menschliches „Haus der Weisheit“: die Frau (S. 104), welch ein Hinweis.
  Wiederum aus dem QiGong kennen wir das Haus des Qi, ehrfurchtsvoll genannt, in das wir eintreten, verweilen und wieder hinausgehen, ein heiliger, heiligender Ort, in dem wir jedoch nicht ständig verweilen können – wir haben in Punkt 3 darauf verwiesen.

- „Die Schöpfung wird als der Mantel der Weisheit verstanden; durch ihren grünen, edelsteingeschmückten Mantel hindurch sehen wir also die Weisheit selbst. Für Hildegard sind Edelsteine erheblich mehr als Schmuck. Sie strahlen klärende und heilende Energien aus.“
  „Der Schmuck, den die Weisheit trägt, ist also ein Zeichen für den Menschen, dem die ganze Schöpfung zugeordnet ist. Sophia hebt deren Schönheit hervor“ (S. 99). Schmuck war früher nie nur Dekoration zur Schönheit, sondern vorrangig Symbol für gute Kräfte, entweder konkret im Material, z.B. heilkräftige Steine, Perlen oder symbolisch in der geistigen Vorstellung.
  Im QiGong wird von Qi-Mantel (s. Mantel der Weisheit) gesprochen, wenn die Energie durch die Bewegungen spürbar im und am Menschen wird, es ist eine außerordentlich heilsame Energie. In der QiGong-Übung „das ursprüngliche Licht“ wird die Perle gedreht, eine stärkende und aufbauende Energie-Übung (s. Punkt 1.4.).
- Alle Ordnung der Weisheit ist sanft und milde – die Bewegungen im QiGong, soweit sie nicht dem Kampfsport angehören, sollen sanft, ruhig und milde sein, sogar die geistige Vorstellung soll nicht zu stark, sondern sanft gebündelt sein. Was bei Hildegard allgemein gesagt wird, wird in einigen Teilen im QiGong ganz konkret in die Übungen einbezogen. Vom Dao (chin.) sollen die Übungen sogar sanft und absichtslos sein, durch die Absichtslosigkeit kann die Sanftheit entstehen.

In unserem Weisheits-Reigen möchten wir einen kleinen Lichtfunken aus Dao und den Bezug zu Sophia aufleuchten lassen. Das gesamte Ost-West-Denken über Weisheit ist umfangreich und hat sicher Bibliotheks-Dicke. Wir möchten einen Regenbogen zwischen Ost- und West spannen, einen Regentropfen lang. Hildegard von Bingen wäre sicherlich interessiert daran und manchmal anderer Meinung.

Nach alldem, was wir bis jetzt von Laozi gehört haben, dürften wir ihn zu den Menschen rechnen, welche die Sophia aufrichtig gesucht und auch gefunden haben, welchen sie wohlwollend und liebend begegnet ist und sie zu Freunden Gottes und Propheten gemacht hat“ (Schipflinger 1988, S. 271).

Sophia in ihrem kosmologischen Aspekt ist bei Lao tse (oder Laozi) die „Mutter der zehntausend Wesen“.

„Unvergleichlich tief und schön beschreibt Laozi das mütterliche Wirken und Sorgen der Dao Mu für ihre zehntausend Wesen = für alle Wesen und Dinge = für das gesamte All. Im Spruch 34 heißt es von ihr: „So allüberströmend ist Dao, daß es nach links und rechts sich wendend überall hinströmt. Die Wesen all verdanken ihm ihr Leben und keinem versagt es sich. Es kleidet und nährt alle Wesen.“ Vgl. dazu das Wort Jesu: „Euer himmlischer Vater ernährt sie (die Vögel des Himmels) alle“ (Mt 6, 25–32).

„Dao gebiert die zehntausend Wesen,
ihre Kraft ernährt sie, sie läßt sie wachsen und pflegt sie,
sie bringt sie zur Reife und vollendet sie,
sie bedeckt und schirmt sie" (51).

„Dao ist der zehntausend Wesen Hort, der Guten Schutz, der Bösen Zufluchtsort" (62). Vergleiche dazu das Wort Jesu: „Er (euer himmlischer Vater) läßt seine Sonne aufgehen über Bösen und Guten und läßt regnen über Gerechte und Ungerechte" (Mt 5, 45)
(Schipflinger 1988, S. 270).

Die Dao-Weisheit ist „Heimkehr zum Wurzelgrund" – vielleicht ist das nach unseren Begriffen die Sehnsucht als Heimkehr nach dem Paradies. Aus unserer Begrifflichkeit, unserem aufregenden Suchen gehen wir in das Bild des Bildlosen und Gestalt des Gestaltlosen. „Die Vollkommenheit Gottes besteht am meisten darin, daß sie nicht ausgedrückt, nicht erklärt werden kann, sie ist, um es mit Laozi zu sagen, ‚wuming – ohne Namen – unnennbar'" (Schipflinger 1988, S. 268). Die Farben und Formen des bestickten Seidentuches enthüllen und verhüllen zugleich, welche Kraft. Wie Weisheit umkreist, nicht zustößt (Riegel 1994, S. 160), liebend umfängt, finden wir auch im taostischen Denken, Meditieren den Prozeß des Umkreisens von kaum Benennbarem.

6.2. Das Lebensrad drehen –
das Tor der Vitalität umkreisen
– Qigong-Übung aus Fanhuang Gong, Original-Bezeichnung:
Das große Rad beständig drehen = Falun changzhuan

Aufgezeichnet, kommentiert von Hilda–Maria Lander nach mündlicher Überlieferung von Prof. Cong/China und Skript der DQGG (s. Literaturverzeichnis); Zeichnungen von Maria-Regina Zohner

Das Tor der Vitalität – der Energiepunkt Mingmen –
·· ist auch das Lebensrad, das Umkreisen des Seins und des Namenlosen,
·· ist auch die Rad-Nabe, das Loch in der Mitte, das es brauchbar macht und der freie Raum, der dem Rad seinen Sinn gibt,
·· ist auch der Unbewegliche Beweger – Gott, Sein – und 30 Speichen treffen sich in der Nabe, vereinigen sich zu einer Nabe;
·· ist auch die Verbindung zum Beweglichen, zum Namenlosen und Namhaftem, in allem entsteht Sinn
(s. 11. Spruch von Lao Tse in verschiedenen Ausdeutungen,
> Literaturangabe).

Das große Rad beständig drehen gleicht dem Kreislauf der Energie.
O Kraft der Weisheit > O virtus sapientiae
O Kraft der Weisheit, umkreisend die Bahn,
die eine des Lebens,
ziehst um das All du die Kreise,
alles umfangend!
„Hier ruft Hildegard, ‚die Kraft der Weisheit' direkt an: ‚O virtus sapientiae', Energie und Tugend, ethische Verwirklichungskräfte ..." (Riedel 1994, S. 160).
Der Liedtext, 59. Lied, O Kraft der Weisheit, O virtus sapientiae ist übersetzt von A. Führkötter, zitiert in Riedel 1994, S. 159).
Traditionell werden QiGong-Formen ohne Musik geübt. Es ist jedoch möglich, gegen Ende die Übung mit Musik zu begleiten. Es kann jede tragende, ruhige Musik verwendet werden.

Unser Musikvorschlag:
Full circle, CD Loreena Mc Kennitt, the mask and mirror, wea 4509–95296–2. Ich höre den Sprechgesang von Männern in der Moschee. Einer der bewegensten Klänge, die ich je gehört habe. Sie rufen ihren Gott. Das ist das Erlebnis, durch das diese Musik entstanden ist.

Die QiGong-Übung ist im Sitzen und Stehen möglich.
Beim Sitzen: möglichst vorne auf der Stuhlkante sitzen; Füße im Parallelstand, gestreckte Wirbelsäule; Kopf wie an einem Seidenfaden am obersten Akupunkturpunkt Baihui „aufgehängt".
Beim Stehen: schulterbreiter Parallelstand, Knie leicht gebeugt; Wirbelsäule gestreckt, gut geerdet auf den Füßen stehen, Kopf-Haltung wie beim Sitzen.

Einstimmung:
Hände übereinander aufs Dantian (ca. 3 cm unterhalb des Bauchnabels) legen, sich sammeln, zur Ruhe kommen, in der Vorstellung in das Haus der Lebens-Energie (Qi) eintreten und sich auf sein Lebensrad und das Rad des Kosmos hin orientieren.

Bewegungs-Folge:

- Linke Hand bildet mit dem Daumen und Zeigefinger den „Ringschluß" (s. Zeichnung); die linke Hand wird mit diesem Ringschluß mit dem Handrücken auf den Punkt Mingmeng im Rücken gelegt, gegenüber dem Bauchnabel, die rechte Hand bleibt geöffnet,

- während die linke Hand mit Ringschluß auf dem Punkt Mingmeng ruht, beginnt die rechte Hand vor dem Körper im Uhrzeigersinn zu kreisen, d.h. rechte Hand
  ·· nach links vor dem Körper
  ·· weiter nach links oben bis oberhalb des Kopfes
  ·· die rechte Hand weiterdrehen nach rechtsseitlich unten absenken, mit Rumpfdrehung
  ·· rechte Hand nach unten weiterführen, Handinnenfläche schaut zum Boden, wird zur Schale, die schöpft, dreht sich dadurch so, daß dann die Handinnenfläche nach oben schaut, in dieser Haltung
  ·· dreht die rechte Hand weiter an der linken Seite nach oben bis über den Kopf; dort bleibt sie zunächst „stehen";
  ·· die rechte Körperseite dreht aus der Wirbelsäule leicht nach rechts hinten, die rechte Hand senkt sich ab zum Rücken, schließt den Daumen und den Zeigefinger zum Ringschluß und legt sich mit dem Handrücken auf Mingmen, während die linke Hand den Ringschluß löst und sich zur linken Seite bewegt

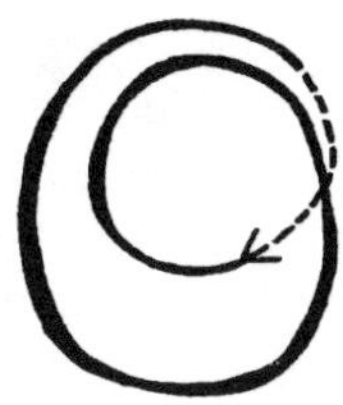

- die Bewegung wiederholt sich, jedoch dreht die linke Hand gegen Uhrzeigerrichtung vor dem Körper nach rechts, nach oben, seitlich links nach unten, wieder nach oben seitlich rechts bis über den Kopf, Rumpfdrehung und links absenken, Ringschluß bilden und auf den Mingmeng legen;
- es beginnt von vorne mit der rechten Hand als Führung; 3–6 × wiederholen, jeweils mit rechter oder linker Hand als Dreh-Führung.
  Anmerkung: Der eigentliche Drehmoment kommt aus der Leibmitte. Bei der Dreh-Führung der rechten Hand beugt sich der Rumpf nach rechts, nach vorne-unten, nach links und richtet sich auf; entsprechend gegengleich bei der linken Handführung.

Abschluß:
Beide Hände auf Schulterhöhe oder etwas tiefer ausbreiten, langsam die Hände aufs Dantian legen, wie bei Einstimmung, sich zentrieren, ruhig atmen und lächeln, Hände lösen und aus dem Haus der Energie gehen, d.h. durch den Raum gehen.

Hintergrund-Gedanken

1. Der energetisch-heilende Bereich

- Diese Übung ist nierenstärkend; der Handrücken auf dem Mingmen-Punkt, auch *Tor der Vitalität* genannt, hat Einfluß auf die Nieren-Energie, sorgt für die nötige Wärme (s. Maciocia 1994, S. 46) und Kräftigung der Nierenfunktion. Mingmen ist einer der wirkungsvollsten Punkte zur Stärkung der Nierenfunktion, er wirkt aufbauend bei Müdigkeit, Depression (s. Maciocia 1994, S. 483), für allgemeine, chronische und aktuelle Schwäche; er stärkt das Immunsystem. Bei dieser Übung wird Mingmen buchstäblich umkreist und wie eine Radnabe gehalten.
- Durch den Ringschluß von Daumen und Zeigefinger werden die Lungen- und Dickdarm-Funktionen gestärkt. Zudem wirkt diese Haltung zentrierend und beruhigend. Es ist kein Zufall, daß diese Finger- und Handhaltung die Grundlage für Meditationen ist. Ist der Kreis von Daumen und Zeigefinger geschlossen, bedeutet dies im QiGong die Sonne; sind Daumen und Zeigefinger etwas geöffnet, bedeutet es den Mond, und noch weiter geöffnet wird es das Tigermaul genannt. Je nach Fingerhaltung verteilt sich die Energie unterschiedlich im Hand und Körperbereich.
  Die geschlossene Fingerhaltung wird sowohl in unserer Kultur als auch in östlichen und fernöstlichen Kulturen als die „lehrende Hand“ bezeichnet.
- Die Rumpfdrehung mit der jeweils ausgestreckten Hand als Rad-Drehung und gleichzeitig als Speiche verbindet immer außen und innen, oben und unten, die Längsachse und Querachse. Damit ist ein ständiger Wechsel von Fülle und Leere, von Yin und Yang-Energien, also ein Fließen der Energien.
- Die Fingerhaltung, die Handhaltung, die Bewegungen entsprechen weitgehend dem „goldenen Schnitt“, also dem rechten Maß.
- Die innere Vorstellung, eine wichtige heilende Kraft, ist sowohl auf die Leibmitte – Mingmen im Rücken, Dantian unterhalb des Bauchnabels – gerichtet und auf die Laogong-Punkte in der Mitte der Handinnenflächen. Sie sollen während des Übens miteinander verbunden werden.
  Die Augen bleiben während den Bewegungen ruhig, ebenso der Kopf; den Bewegungen wird also nicht nachgeschaut. So kann die Energie gut zirkulieren und gleichzeitig zentrieren, entleert sich also nicht oder steigt in den Kopf.
- Die Nierenfunktion – es ist nicht nur das Organ Niere gemeint – ist nach der Vorstellung der traditionellen chinesischen Medizin die „Wurzel des Lebens“. Sie beeinflußt eine Reihe anderer Organfunktionen, so zum Beispiel die Leber-, Herz- und Lungenfunktion … auf Herz und Niere prüfen … Eine gut funktionierende Nieren-Energie bringt geistige Klarheit, Lern- und Konzentrationsfähigkeiten und Nervenstärke.

2. Der symbolische Bereich und die Vorstellungskraft

Einige Gedanken, hingestreut zum Bewegen und Innehalten im Zentrum.

- Die Bewegung dieser Übung geht von einer unbeweglichen Mitte aus, von einem Sein, von Göttlichem. Die Deutung und Bedeutung der Rad-Nabe dem Tor der Vitalität, dem Mahlvorgang des Drehens wird im Eingangstext dieses Kapitels sichtbar.
- Die kreisende Handführung verbindet und „besucht" die Himmelsrichtungen im Kreisbereich, also oben, seitlich und rückwärts. Eindrücklich ist der Zenit (arab.) als oberster Punkt der Weltkugel und Nadir (arab.), der unterste Punkt der Weltkugel, des Rades. Zenit und Nadir, ganz unterschiedlich, gehören dennoch zusammen.
- Im übertragenen Sinne beginnt die Nacht in der Mitte des Tages, im Zenit und der Tag beginnt um Mitternacht im Nadir. Auf die Lebens-Situation übertragen kann es bedeuten, wenn die Bewegungshand oben ist, beginnt das Loslassen und wenn die Hand unten ist, dreht sie sich zu einer Schöpfungskelle und füllt sich langsam aufsteigend, bis zum Zenit. Das Bild der uralten riesigen Wasserräder in orientalischen Ländern ist damit vergleichbar.

  Die Hand oben im Zenit, erfordert gleichzeitig ein gutes, geerdetes Stehen. Damit stehen wir in der Weltachse oder wir sind ein Teil davon, die sich sowohl nach unten, wie auch nach oben verlängern kann.
- Beim Kosmos-Mensch, dem Visionsbild Hildegards von Bingen (s. Punkt 2.2.), hat die rote Gestalt, auch als Weisheit, Sophia bezeichnet, das Rad des Lebens in beiden Händen. Damit kann sie das Rad nach beiden Seiten drehen. Mit dem Hin- und Herdrehen des Rades kann gelenkt werden, so ist es ein „Lenkrad". Die QiGong-Übung ist in dieser Steuerungsform gemeint und deutet auf Weisheit als Lenkende, Führende, Weisende, Wohl-Meinende, Ordnende.

  Mein Lebensrad kann ich nicht total allein drehen, Es dreht mit. Jedoch bin ich dem „Schicksal" nicht ausgeliefert, ich kann nicht nur mitdrehen, ich bin als Geschöpf aufgerufen mich zu entscheiden, achtsam sein, Verantwortung besonders für mein Halten und Ver-Halten zu übernehmen. Das ist für Hildegard von Bingen sehr wichtig.
- Grundsätzlich ist bei Hildegard von Bingen das Rad, rota, als Symbol elementar wichtig, besonders in der Verbindung mit dem Weg. Es ist eine geschlossene Vollkommenheit, wie der ruhende, statische Kreis und gleichzeitig eine aus sich rollende Entwicklung (Schipperges 1993, S. 100f).

  Beide Rad-Vorstellungen dürften bei Hildegard grundlegend sein:
  - das Rad als eine aus sich rollende Entwicklung, sich in eine Richtung drehend, z.B. das Visionsbild „der Lebenskreis" mit den Jahreszeiten, und

- das Rad, auch das Kosmos-Rad, das gehalten und hin- und hergedreht wird, damit zum Lenk-Rad zur Weisungsmöglichkeit wird. Sophia, die Weisheit, ist die Lenkerin.
  Die Grenzen zwischen beiden Rad-Deutungen sind fließend, ebenso ihre Wirkweisen.

6.3. Kosmos-Perle – den Kosmos ausschreiten und die Perle der Weisheit drehen
Tanz mit QiGong-Elementen

Idee, entwickelt und beschrieben von Hilda-Maria Lander, Maria-Regina Zohner zum Geburtstag 1997 zugeeignet.

Kosmos-Perle ist eine Kombination von Tanz und Elementen aus der QiGong-Form „Ursprüngliches Licht“ (beschrieben in III, 1.4).

Im Tanz mit den beiden Teilen „Kosmos ausschreiten und die Perle der Weisheit drehen“ symbolisiert sich Sophia, die Weisheit als die Führende und recht Ratende, als Sapientia (lat.) die Schmeckende und Erkennende und als ZuiHui, chinesisch: die Kluge und Kundige (s. Schipflinger 1988, S. 285).
„Es gehört zum Wesen der Weisheit, daß sie nicht zustößt, sondern umkreist, umschließt. Mit der weiblichen Gebärde des Umfanges umgibt sie die Wesen und Dinge der Welt; sie scheidet nicht aus, diskriminiert nicht, sondern integriert vielmehr“ (Riedel 1984, S. 160) … die du kreisend umkreisest … Hildegard von Bingen (Übersetzung, Riedel 1994, S. 160)

Musik:
jede schwingende Musik, mittleres Tempo, unser Musik-Vorschlag: The wedding waltz, auf CD, The dance of You, von Giora Feidman, ROM 105

Aufstellung: Kreis ◯ oder Halbkreis ◡

oder konzentrische Kreise ◎

Handhaltung: Linke Hand waagrecht nach links ausgestreckt, ↶
Ellbogen leicht gebeugt, evtl. mit einem Tuch als Symbol einer Gebetsfahne in der Hand; die linke Hand berührt den rechten Ellbogen der links tanzenden Person; rechte Hand liegt mit der Handfläche zum Körper hin

schräg überm Oberkörper, symbolisch um das Herz zu schützen; insgesamt aufgerichtete Haltung in der Spannung; erd- und himmel-orientiert.
Dieser Tanz ist auch im Sitzen möglich;

TANZ

Teil 1 Kosmos ausschreiten

Taktteile	
1–4	Pilgerschritt = rechter Fuß beginnt drei Schritte vorwärts in Tanzrichtung ↷ ein Schritt zurück als Wiegeschritt ↶
5–6	wie Takte 1–4, also 3 × Pilgerschritt wiederholen; ↷ so daß der Pilgerschritt insgesamt 4 × getanzt wird.
17–20	Pilgerschritt vorwärts zur Mitte; beide Hände vor dem Körper auf Brusthöhe, als ob sie eine Weltkugel halten ↑
21–24	Pilgerschritt rückwärts zurück zur Kreislinie; ↓ Hände wie Takte 17–20.

Teil 2 Perle der Weisheit drehen

Taktteile

1–4	Den Mond in Händen tragen	Wie bei Einstimmung beide Hände übereinander auf das Dantian legen; Daumenkuppen berühren sich; Hände vor dem Dantian so drehen, daß die Handinnenflächen nach oben zum Himmel schauen
	Die Perle des Dantian drehen 	Hände auseinanderziehen, als wären sie mit unsichtbaren Gummifäden verbunden; beide Hände vor dem Körper nach vorne oben bewegen, bis auf Herzhöhe, dann drehen, so daß Handinnenflächen zur Erde schauen, Hände so drehen, daß die Fingerspitzen zur Erde nach unten schauen, Verbindung zum Boden und zu den Füßen
5–8	Tigermaul von Horizont zu Horizont	Daumen und Zeigefinger krümmen sich etwas, wie ein Tigermaul, Hände heben sich mit Tigermaul seitlich hoch bis Schulterhöhe; Hände setzen sich, entspannen, Fingerspitzen von Horizont zu Horizont denken.

	Sonne und Mond tragen; nach oben tragen	 Hände drehen sich, Finger für Finger, mit dem kleinen Finger beginnend, bis die Handinnenfläche nach oben schaut; innere Vorstellung: in einer Handfläche entsteht die Sonne, in der anderen der Mond; Hände nach oben heben.
9–16	Sonne und Mond vereinen zum Ursprung (Dantian) zurückführen	Beide Hände zusammenfalten, entweder über dem Kopf vor der Stirn zu einem Segensdach  die Hände führen oder zur Gebetshaltung; Hände nach unten vor dem Körper, die Energie-Säule nach unten senken bis zum Dantian; Hände auf Dantian legen. 
17–20		wie Takte 1–4 von Teil 2
21–24	Tigermaul von Horizont zu Horizont	Daumen und Zeigefinger krümmen sich etwas, wie ein Tigermaul, Hände heben sich mit Tigermaul seitlich hoch bis Schulterhöhe Hände setzen sich, entspannen, Fingerspitzen von Horizont zu Horizont denken.

Beide Hände sind am Ende seitlich ausgestreckt; die Takte 9–16 werden nicht wiederholt.

Teil 3 Kosmos ausschreiten und Spiral-Drehung

Taktteile

1–24	wie Takte 1–24 von Teil 1
25–32	mit 2 Pilgerschritten in Drehung nach rechts-herum am Platz dabei die Hände langsam heben; dadurch ergibt sich eine Spirale, die aus der Körperdrehung und dem Kreis „um sich selbst“ entsteht. 

Teil 4 Perle der Weisheit drehen

wie Teil 2

Damit ist die angegebene Musik zu Ende. Sinnvoll ist, den Tanz öfters nacheinander zu tanzen, damit „es“ tanzen kann.

Abschluß-Haltung am Ende von Teil 4, wenn der Tanz nicht mehr wiederholt wird: Die Hände sind seitlich ausgestreckt

– rechte Hand vor der Brust kreuzen
– linke Hand über der rechten Hand vor der Brust kreuzen

Wir können symbolisch das Universum „hereinholen", den Makrokosmos in den Mikrokosmos einbinden, die geschaffene Vielfalt zur „Einfalt" verdichten. Es ist sicher kein Zufall, daß diese Gebärde eine zentrierende Gebetsgebärde in verschiedenen und unterschiedlichen Religionen geworden ist, eine heilsame Meditationshaltung. Wenn die Hände so einen kurzen Moment gehalten und dann langsam abgesenkt werden, kann die entstandene Qi-Dichte (Energie) im Körper als Lebenskraft umverteilt werden.

Hintergrund-Gedanken:

- Die energetischen Erfahrungsmöglichkeiten von Teil 2 und 4 entsprechen weitgehend der QiGong-Übung „Ursprüngliches Licht", Kap. III, 1.4);
- Die „Perle der Weisheit" drehen wird in diesem Zusammenhang dichter, wenn wir als Vorstellung haben: mit dem Kosmos umgehen und mit der Perle, den Schatz in Händen drehen, behüten, einverleiben und ausstrahlen.
  Das Umgehen im 1. und 3. Teil und das Perle-Drehen im 2. und 4. Teil sind je unterschiedliche Berührungsweisen zum Visions-Bild Hildegards „Kosmos-Mensch", s. III, 2.2. Durch die runden Bewegungen des Perle-Drehens, Sonne und Mond tragen und verbinden, entstehen dynamisierende Energien ... die Weisheit umkreist, sie stößt nicht zu ...
- Es ist:
  ·· den Kosmos schaffen und gleichzeitig geschenkt bekommen
  ·· Segen bekommen und Segen geben
  ·· obwohl unergründbar, ist es wie ein wenig Weisheit erfahren.

Literatur

Kaltenmark, Max, Lao-Tzu und der Taoismus, Insel Verlag, Frankfurt/M. 1996

Lao Tse, Tao T King, übersetzt von Erwin Rousselle, Insel Verlag, Frankfurt/M. 1995. Hinweis auf andere Übersetzungen: Jan Ulenbrook, Ullstein Verlag, [3]1990 literarisch neu bearbeitet von Wolf Peter Schnetz, Freipresse Verlag, 1996

Lexikon der östlichen Weisheitslehren, Buddhismus-Hinduismus, Taoismus-Zen, Konzeption und Redaktion Schuhmacher St. und Woerner, G., Otto Wilhelm Barth Verlag, München 1986

Maciocia, Giovanni, Die Grundlagen der Chinesischen Medizin, Verlag für TCM, Kötzting 1994, Übersetzung Dr. A. Höll

Newman, Barbara, Hildegard von Bingen, Schwester der Weisheit, Herder Verlag, Freiburg/Br. 1995

Riedel, Ingrid, Hildegard von Bingen, Prophetin der kosmischen Weisheit, Kreuz Verlag, Stuttgart 1994

Schipflinger, Thomas, Sophia-Maria, eine ganzheitliche Vision der Schöpfung, Verlag Neue Stadt, München-Zürich 1988
Wenzel, Gerhard, QiGong, Quelle der Lebenskraft. Ed. Tau, Sauerbrunn 1995
Manuskript: Fan huan Gong, Praxis der QiGong Heilmethode, von Abt. für Akupunktur und QiGong des Instituts für Traditionelle Medizin von Fujian/Chine, Zur Verfügung gestellt von Prof. Cong Yongchun, übersetzt von Dr. F. Dimmling, 1996 im Auftrag der Deutschen QiGong Gesellschaft e.V., Zeughausweg 3/1, 89165 Dietenheim; Bezug über diese Adresse.

7. Heilkunde und Ordnungstherapie – integriertes Heilwissen Hildegards

Wir haben die Gabe der Kenntnis und Erkenntnis unseres Freundes Pater Dr. Dr. Dr. Alfons Berkmüller zur Hildegard-Heilkunde „in die Hand" genommen und dürfen seinen Vortrag, der gedruckt wurde, übernehmen (aus Hildegard-Schriften Nr. 1, 1984).
Anschließend an diesen Artikel werden wir auf einige der Ähnlichkeiten im QiGong hinweisen. Praktische Erfahrungen mit QiGong und Tanz werden die heilkundlichen Aspekte versinnbildlichen, in die Sinne hereinholen und mit „O Symphonia" ausklingen lassen.

7.1. Aspekte der Hildegard-Medizin
(von Pater Dr. Alfons Berkmüller, Düren)

Die Heilkunde Hildegards ist eine ganzheitliche. Sie umfaßt Gott–Welt und Mensch. So beginnt ihr Medizin-Buch „causae et curae" auch mit Gott, dem Schöpfer der Welt, und geht über das Bauwerk des Kosmos auf die Weltelemente über. Hildegard beschreibt zunächst die Bildung des Menschen, seinen embryonalen Zustand, seine Wachstumsphasen und die Zustände des gesunden wie kranken Körpers.
Die Krankheiten werden systematisch „von Kopf bis Fuß" durchgesprochen und gleichzeitig in einen größeren Rahmen gestellt, der den Menschen als Werk Gottes (opus operationis Dei) und als gestaltendes Wesen (homo operans) betrachtet.
Durch sein Versagen ist er das gebrechliche Wesen (homo destitutus) geworden, hinfällig und krank und dem Tod unterworfen.
Sein Hochmut (superbia) störte den natürlichen Bezug zur Kreatur: Der Mensch wurde zum Rebell (homo rebellis), dessen innerer Widerspruch nun auch durch die Geschichte der Krankheit geprägt ist.
Krankheit ist dabei das bezeichnendste Merkmal dieser existentiellen Entstellung (deformatio, destitutio), die unter dem Schlüsselwort „Schwarzgalle" (melancolia) gedeutet wird. Diese „melancolia", diese Schwermut als

das Symbol der Krankheit schlechthin, wirkt ständig der Grünheit (viriditas) als naturhafte Lebenskraft entgegen.
Aber auch bei all seiner Ent-Stellung und Endlichkeit bleibt der Mensch auf das Ende hin gerichtet, wobei er im End-Stand seiner beseelten Leiblichkeit zum vollen Heil kommen soll (in integritate membrorum et cum sexu).
Nun aber lebt der konkrete Mensch in dieser seiner natürlichen Verfassung im „Elende“, in der „Entfremdung“, in seiner De-Formierung, in seinen Hin-Fälligkeiten und Krankheiten. Hildegard gebraucht für dieses „ontologisch–anthropologische“ Kranksein folgende *Ausdrücke:*
„ – er wandelt im Todesschatten
– auf dem Wege des Irrtums
– aus dem Erbe vertrieben
– mit zerrissenem Gewand
– in die Fremde entführt
– ausgeliefert dem Sklavendasein
– ausgesetzt allen Gefahren
– am Kreuzweg der irdischen Kümmernisse
– von Schicksalsschlägen getroffen
– bedrängt von den Kräften des Bösen und verstrickt in alle Welt ...“
(Schipperges 1981, S. 32)
Und trotzdem beginnt jetzt schon – genauso konkret – der „Mensch im Heil“ die neue Gestalt anzunehmen (homo re-stitutus) und zwar in einem ständigen Leben des Um-Kehrens (conversio) und der Buße (poenitentia); als der „Verlorene Sohn“ wird er schließlich heimgeführt zur Gemeinschaft (consortium) mit der Welt der Engel und ihrem „carmen angelicum“.
Von dieser eschatologischen Sicht her werden auch alle Heilungsvorgänge des kranken Menschen nicht nur als bloße Wiederherstellung (= restitutio ad integrum) betrachtet, sondern als wirkliche Heilung (= restitutio ad integritatem).
Leitbild für dieses Heilen ist auch für den Arzt jener „Christus Medicus“, der von Hildegard als der „Medicus Magnus“ gepriesen wird. Alle, die Gott berufen hat, Menschen zu führen, zu betreuen, zu umsorgen und sie zu heilen, haben diesen Medicus als Vorbild. Ihn müssen sie nachahmen mit den Tugenden der Umsicht (discretio) und der Barmherzigkeit (misericordia). Das Ethos des Arztes liegt daher bei Hildegard nicht im Sanieren, sondern in der Barmherzigkeit, die einer dem anderen zuteil werden läßt.
Diese kurzen Hinweise sollen uns nun ermöglichen die *wesentlichen Aspekte* einer „Hildegard-Medizin“, wenigstens im Ansatz, etwas zu erläutern (statt „Hildegard-Medizin“ wäre besser der Ausdruck „Heilkunst, Heilweise nach Hildegard“!).
Die Hildegard-Heilkunst (bzw. Medizin) hat drei fundamentale Aspekte, die sich wie ein roter Faden durch ihre Schriften ziehen. Es sind:

1. der Aspekt einer Ordnungstherapie
2. der Aspekt einer Leib-Seele-Therapie
3. der Aspekt einer vitalen Psycho-Therapie.

Bei Hildegard gibt es eine grandiose Sicht des Menschen, die als Zentrum ihrer Heilkunst anzusehen ist.

„Bei einem Symposium der Rabanus-Maurus-Akademie (Fulda) war das Thema so gestellt: „Was wissen Wissenschaften vom Menschen? Was weiß die Philosophie etwa vom Menschen? Was hält die Theologie vom Menschen? Was wissen die Sozialwissenschaften, was die Psychologie? Was weiß letztlich die Medizin vom Menschen?"

Sie alle *wissen erstaunlich viel* und Vielfältiges; aber es ist immer nur ein Teilgebiet, ein Aspekt, Modelle, Fragmente! Also vieles und Allerlei, aber niemals das Ganze!" (Schipperges, S. 11).

Das umfassendste Charakteristikum ihrer Lebensarbeit ist für Hildegard der Blick *aufs Ganze*, die Schau der Universalität. Diese umfaßt einen dreifachen Aspekt:

1. *Die Einheit* im Ur-Sprung
2. *Das Ganze* in der Aus-Formung
3. *Das Universale* in der Vollendung."

„Mitten im Weltenbau steht mit riesenhaften Ausmaßen die *Gestalt des kleinen Menschen.* Er hält die Weltelemente in seiner Hand, wie ein Mann, der ein Netz in der Hand hält und dieses bewegt." (Schipperges, S. 11)

Er ist selber in das Weltnetz verflochten. Die Welt, das ist der Mensch in seiner vollen Leiblichkeit.

Der Kosmos selbst trägt in sich die „Anthropologische Grundstruktur". Die Welt als „Mensch" und der Mensch mit seiner Welt bilden den Inhalt der Kosmosschrift. Die vier „ubiquitären" Elemente sind ein fundamentales Bild von der Weltstruktur als Ganzes: in dieser ganzheitlichen Schau sagt Hildegard etwas so „Gewaltiges" über den Menschen aus, wie es in dieser Art und Bildhaftigkeit noch nie zuvor ausgesprochen wurde, nämlich: mit ihm – dem Menschen geht alle Welt über in eine unerschöpfliche Verwandlung: Im Menschen hat Gott sein Werk vollendet. Das Ende der Wege Gottes im Gesamtprozess der Heilung und Heiligung von Welt und Mensch ist *Leiblichkeit.*

Mit etwas *abgewandelten Worten* sagt Hildegard an vielen Stellen ihrer Schriften immer wieder diese Kernaussage über den Menschen so aus: Das Ende der Wege Gottes (also am Ende des Gesamtprozesses der Heils– und Heilgeschichte des Menschen) – gipfelt in der „verklärten Leiblichkeit" des Menschen, in seiner Vollgestalt, in der totalen Re-formatio und Re-constitutio des Menschen.

Deshalb nimmt auch jetzt schon der ganze Mensch teil am Opus Dei. Er ist also mit Leib, Seele und Geist in die Verantwortung genommen. Er trägt

Verantwortung für Alles in dieser Welt; für die Elementarteilchen ebenso wie für Pflanzen, Bäume, Tiere und in exzellenter Weise für den Menschen. Denn mit dem Leib, den wir haben (= besser, der wir sind!), haben wir die ganze Welt „leibhaftig" in uns. Alles ist „in" uns!
Für die Medizin jedenfalls bedeutet dies,
daß wir 1. hinausmüssen aus diesem viel zu eindimensional gewebten Modell des rein naturwissenschaftlichem Denkens und heiltechnischen Handelns,
daß wir 2. auch die bloß anthropologisch orientierte Krankheitslehre, die vielfach – wie Psychologie – nur Kompensation sieht, Charakter trägt, überwinden müssen,
um 3. endlich wieder die kosmologischen Dimensionen zu erreichen, nämlich den Menschen in seiner Welt! Hier ist „Welt" im weitesten Sinn gemeint, also: als Umwelt, als Mitwelt, Arbeitswelt und Erlebniswelt.
Und nun zu den wesentlichen Aspekten der Hildegard-Medizin (sprich Heilkunde):

I. *Der Aspekt einer Ordnungstherapie* (oder Ordnungsmedizin)
Es ist sicherlich kein Zufall, daß in unseren Tagen die Perspektiven und Programme der älteren Gesundheitsbildung und Lebensgestaltung zu einer überraschenden Aktualität gekommen sind.
Die Gründe dafür liegen im Auftreten vollkommen neuer Krankheitsbilder. An Stelle der akuten Infektionskrankheiten sind jene chronischen Wohlstandsseuchen getreten (Rheuma, Diabetes, Bluthochdruck, Herzinfarkte etc.), welche die Heiltechnik nicht mehr beherrscht und nicht in den Griff bekommen kann – ohne Rück-Kehr zur kosmischen Ordnung und zu den im Weltganzen verankerten Gesetzmäßigkeiten des Kosmos, die wir in Selbstverschuldung über Bord geworfen haben.
Ferner liegen die Gründe auch in den wachsenden Störfeldern einer Umweltverschmutzung, der Fehlernährung, in den Süchten und Neurosen, dem immer bedrohlicher werdenden psycho-sozialen Streß, in den lebensbedrohenden Störungen, die in einer sinnentleerten und mit Surrogaten übersättigten Welt die Grundfrage nach neuer Lebensbewältigung und Daseinsgestaltung nahe legen.
Für eine solche Wende scheint heute die letzte Chance gekommen zu sein. Es ist der „Kairos", von dem auch die Bibel spricht, und der entscheidend ist für Heil und Unheil sowohl des Einzelnen wie auch der gesamten Menschheitsfamilie. Das ökologische Gleichgewicht steht vor seinem Zusammenbruch! Umweltbedrohung und Ernährungskrisen, Sucht und Drogen, Arbeitsstreß und Konsumterror, sexuelle Verwilderung und seelische Entgleisungen rufen uns alle, insbesondere Ärzte und im Heilberuf Tätige, auf: wieder ein Bezugsystem für unsere Lebensführung zu suchen, eine

Heilkunde als Alternative zur Heiltechnik!
Die Hildegard-Medizin ist wesentlich eine Ordnungs-Therapie (-Medizin). Für alles Gesunde, Heile, Lebendige und Schöne in dieser Welt hat Hildegard ein Schlüsselwort!

- die Lateiner sagen: Integritas (die Ganzheit)
- die Griechen sagen: Holon (das Ganze)
- die Araber sagen: Salam (der Friede, das Ganze)
- und Hildegard sagt: Viriditas! (die Grünheit)

Viriditas, dieses Grün lebt in der Flamme, schillert in den Gewässern, feuchtet im Stein, weht in der Luft. Grün ist gezeugtes Licht, das alle Natur kocht zu goldener Reife. In dieser grünenden Leiblichkeit lebt der Mensch als gesunder, fühlender, denkender, planender Mensch.
Grün ist also bei Hildegard Symbol gesunden Seins, es ist keine Farbe, sondern ein Habitus. Deshalb ist auch letztlich das Werk Gottes, die Schöpfung, die Viriditas Dei.
Hildegard findet dafür in ihrer Heilkunde die kaum auszulotende Formel: opus verbi viriditas est. Alles Gesunde und Schöne in der Natur, sogar das Fleisch und Blut des Menschen sind grün! Selbst alles, was wir „Seele" nennen, wird als die „grünende Kraft" des Leibes umschrieben. –
Maria, die Mutter des göttlichen Wortes, heißt bei Hildegard „die viridissima Virgo". Sie ist die lichte Mutter der heiligen Arznei, die Mater Medicinae, da sie der Integritas vermählt ward: dem heilen Ganzen, dem ganz Heilen. Folgerichtig nennt Hildegard auch die Liebe „einen Hauch aus dem Grünen", der alle Lebensgrüne und Lebensfrische nährt.
Das Gegenstück des „Ganzen" (in der Heilkunst Hildegards) ist somit das „Fehlen", ein Mangel an „Viriditas", das „Nicht-Integer-Sein", das Heil–lose, des Entfremdete, des De-formierte, des Herausfallen aus dem Ur–Sprung. Die Bibel hat für diesen Zustand einen Begriff geprägt, der unserem deutschen Wort „Sünde" in etwa entspricht, aber weit mehr beinhaltet als unser deutsches „Absondern" (Sünder von sondern, trennen) ausdrückt. Die griechische Übersetzung (aus dem Hebräischen) hat vier umschreibende Wörter je nach den vier verschiedenen Aspekten, die diesen „kranken Zustand" des Menschen beschreiben:

- Asebeia = Los-lösung vom Anfang ...
- Hamartia = Los-lösung vom Ziel ...
- Adikia = Los-lösung vom Recht (Richtigen) ...
- Anomia = Los-lösung vom Gesetz (von der Ordnung) ...

Alle vier Loslösungs-Arten entsprechen unseren modernen Haupterkrankungen der Seele (und des Leibes), nämlich: der Schizophrenie, der Depression, den Phobien und der Hysterie.
Hildegard sieht in dem „Mangel-Zustand" (Mangel an Viriditas) eine Art Verselbständigung, einem „Sich-selbst-Genügen" im körperlichen sowie im

seelischen Bereich. Es könnte medizinisch gesprochen (in unserer modernen Sprache) keine deutlichere Beschreibung eines Tumorgewebes geben wie sie von Hildegard durch dieses Schlüsselwort „Mangel an Viriditas“ geschaut wird.

Ein Tumor ist ein „Aus-den-Fugen-Geratenes“ organisches Gewebe: die Ordnung des Organs (= Organismus) wird angegriffen, aufgelöst und zerfällt völlig. Das Schicksal eines solchen Kranken ist damit fast „irreversibel“ denaturiert, wenn nicht eine „radikale Umkehr“ zur Ordnung des Lebens stattfindet. Nach Hildegard passiert bei jeder Krankheit etwas „analoges“ (= ähnliches). Deshalb kann sie sich nicht einmal vorstellen, daß es eine „ontologische Krankheitslehre“ gibt (ontologische Pathologie!!!). Krankheit ist ja ein Herausfallen aus dem Urgrund, aus der Ur-kraft, aus dem Sein (simplicitas), aus der Seins-Ordnung!

Krankheit hat bei Hildegard kein „Sein“. Sie ist vielmehr ein „modus deficiens“, ein Fehlen an Sein, eine Deformation, Destitution und Desintegration, ein Zuwenig oder Daneben, eine „Dyskrasis“, ein Fehlen oder Verfehlen (= Hamartis). Es gibt daher auch keinen Krankheitsprozeß, sondern nur ein Unterbleiben, ein Unterlassen, ein Fehlgreifen und Ermangeln.

Krankheit ist eine essentielle Schwäche, während Gesundheit ein positiver Prozeß ist, eine permanente Zeugung, eine Ordnungsstruktur, die eine Welt an Ordnung in Gang bringt. – Deshalb wird bei Hildegard auch gar nie *eine Krankheit* als ein „pathogenetischer Prozeß“ (wie in unserer modernen Medizin) beschrieben, sondern will als ein Unterbleiben, ein Defizit, als ein „status deficiens“ interpretiert sein. Demgegenüber kann ein „Prozeß“, eine „creatio“ nur jener Gesundheit zugesprochen werden, die aus dem „lichten Grün“, der Viriditas, ihre schöpferische Kraft zieht.

Deshalb fragt Hildegard nach dem „Sinn des Krankseins“; es ist die Frage nach dem Grund all dieser Verfremdung im „Elende“ und gleichzeitig die Frage nach einer neuen Ordnung zu „gesunder Lebensführung“. Diese finden wir am klarsten in einem Kommentar zur Regel des hl. Benedikt.

Das Leben eines solchen Menschen kommt wieder in Ordnung. Es wird getragen von vier Säulen, die untereinander verschwistert sind:

1. Gravitas (= Ernst, Würde)
2. Constantia (= Beständigkeit, Ausdauer)
3. Stabilitas (= Standhaftigkeit)
4. Discretio (= Maßhalten).

Die geistige Haltung, die alles umfaßt, wird sichtbar in einem „Officium Caritatis“, das gegenüber allen Schwachen und Kranken primär erwiesen wird (Christus selber ist in ihnen gegenwärtig!!! Praesentia Christi!!!). Den Kranken hat man daher alle Möglichkeiten an Menschlichkeit zu erweisen und soll ihnen in geistiger wie in körperlicher Hinsicht mit voller Hingabe zur Verfügung stehen.

Erst nach dieser „geistigen Voraussetzung“ geht Hildegard konkret auf die gesundmachenden „Lebensmuster“ ein, sie entsprechen der „traditionellen Diätetik“ der damaligen Zeit. Hildegard beschreibt sie als den „gebildeten Umgang“ mit den lebens-formenden und lebens-erhaltenden Prinzipien der Dinge dieser Welt (Elemente im Sinne von elementar!) Es sind dies:
1. Licht und Luft
2. Speise und Trank
3. Arbeit und Muße
4. Schlafen und Wachen
5. die Ausscheidungen und Absonderungen
6. die Leidenschaften

Mit dieser knappen Skizze sei nur angedeutet, wie tief, umfangreich und weitreichend die Ordnungsmedizin Hildegards in das gesamte Leben des Menschen eingreift. Sie ist ja vor allem und primär eine Präventivmedizin, die das „destituierende Element“ der krankmachenden Noxen (in allen Bereichen des Menschen) zum re-stituierenden Element der gesund-machenden Kräfte umpolt, und nur dann „wirk-sam“ werden kann, wenn der ganze Mensch erfaßt wird. Ich möchte der Kürze halber nur auf einen dieser Punkte, auf Speise und Trank, verweisen! Sie umfaßt die gesamte Ernährungskultur: z.B. die Lebensmittelkunde, Ernährungswandel, Fehlernährung, Mißbrauch in Speise und Trank, Alkohol-Konsum, Drogenszenerie, Medikamenten-Konsum, Lebensmittelhygiene und die damit kausal bedingten vielschichtigen Krankheitssymptome, Wohlstandserkrankungen durch Überernährung (wie z.B. Diabetes mellitus, Rheuma, Gicht, der gesamte rheumatoide Formenkreis, Leberschädigungen, Magen-Darm-Erkrankungen, Bluthochdruck, Herz- und Kreislauferkrankungen und wahrscheinlich nicht zuletzt das so rätselhafte Tumorwachstum etc.).
Der Text ist eine Teil-Zusammenfassung eines Vortrages, den, in Abwesenheit des Verfassers, ein Mitglied der Internationalen Hildegardgesellschaft in Engelberg (Schweiz) vorgelesen hat. Aus diesem Grunde fehlen an einigen Stellen die Autorenangaben, von denen die Zitate entnommen sind. Als Literatur wurde verwendet: Hildegard von Bingen, ein Zeichen für unsere Zeit, Hildegard von Bingen, Heilkunde, und Hildegard von Bingen, Welt und Mensch (nähere Angaben, s. Literaturliste).

7.2. QiGong als Lebenspflege und Ordnungstherapie

„Sie (die Menschen) werden die nach innen gerichtete Schau des Ostens sich in ihrer innersten Bedeutung zu eigen machen, die den Menschen das Geheimnis seiner Bestimmung und seines Heils innen zu suchen heißt, aber sie werden ebenso jene Bedeutung anerkennen, die der Westen mit Recht dem Leben und dem Bemühen beimißt, das Beste, das wir erkennen und erreichen können, zur allgemeinen Regel des Lebens zu machen".

(Sri Aurobindo der Integrale Yoga, aus: Wenzel 1995, S. 8/9).

QiGong und Traditionelle Chinesische Medizin (TCM) sind nicht identisch. Hildegards Heilkunde weist einige Ähnlichkeiten, aber auch sie ist nicht identisch mit QiGong oder TCM. Einerseits wird QiGong als eine Heilungsmethode eingesetzt für aktuelle „Mangel–Situationen" (Krankheit), andererseits als Lebenspflege, auch als Prophylaxe. Zwar kann QiGong der TCM zugeordnet werden, letztlich ist sie jedoch eigenständig und wahrscheinlich auch älter als sie. QiGong ist eingebettet in das gesamte kosmische Geschehen, wie auch Hildegards Heilkunde. Werden sie aus dem kosmischen Geschehen gelöst, entsteht Entfremdung.
Interessanterweise soll es in China eine Zeit gegeben haben – vermutlich schon lange her – in der ein Arzt bezahlt wurde, wenn seine Klienten gesund waren. Waren sie krank, wurde er nicht bezahlt. Es wurde davon ausgegangen, daß ein guter, weiser Arzt vorhersehen sollte, welche Mängel, Disharmonien (Krankheiten) auf den bestimmten Menschen zukommen könnten. Entsprechend wird er ihm vorher bestimmte QiGong-Übungen empfehlen oder Tee oder andere Heilmittel. Der Arzt mußte hohe diagnostische Fähigkeiten aufweisen, die die ganze Konstitution des Menschen umfassen, seine Umgebung und seine spirituellen Notwendigkeiten. QiGong versteht sich auch in diesem Kontakt nicht als ein Weg zur Erlangung von Macht, sondern von Kraft und Demut" (Wenzel 1995, S. 9). Bei Hildegard ist Demut nicht das Unterwürfige, sondern Demut = Humilitas, humus = Erde, und meint den rechten Mut, die Königin der Tugendkräfte, nährend und kräftigend. Die Erdhaftigkeit der humilitas, der Demut, hilft innere Verwirrung zu überwinden und zu einer Klarheit zu gelangen (leicht verändert nach Ziegler 1993, S. 29).
Leitbild für das Heilen ist bei Hildegards „Christus Medicus", der besonders die Tugend und Barmherzigkeit als „Heilmittel" lebt (nach Berkmüller). Wie schon angeführt, ist (nach Eckert 1996) die oberste Stufe des taoistischen Heilens die Religiösität, und der Arzt, Heilkundige „muß" seinen Patienten und Patientinnen den Zugang zur Innenwelt und Spiritualität eröffnen. In der chinesischen Religion gibt es keinen personalen Gott, jedoch Göttliches, die Schöpfung, das Sein. Meditation ist eines der wichtigsten „Heilmittel", jedoch nicht als Rückzug gesehen, sondern „Meditation bedeutet handeln zu lernen, ohne sich in den Handlungen zu verlieren" (Ekkert 1996, S. 14). Damit wird Spiritualität mit dem rechten Maß nach Hildegard verbunden.
Die Vielschichtigkeit der Ordnungstherapie als Heilmittel enthält u.a. bei Hildegard (nach Berkmüller) die vier Säulen:

- Gravitas = Ernst, Würde
- Constantia = Beständigkeit, Ausdauer
- Stabilitas = Standhaftigkeit
- Discretio = Maßhalten.

Dieselben Merkmale finden wir im QiGong, konkret beim Üben und allgemein in der Lebensführung (nach Bölts). Tugendhaftigkeit im und durch QiGong zu üben, bedeutet auch „geordnet zu leben“ (Bölts ²1994, S. 9). Krankheit ist eine „essentielle Schwäche“ (nach Berkmüller), ein Mangel, ein Unterbleiben, ein Defizit. Wichtige Übungen, vielleicht die wichtigsten, sind im QiGong die Essenz-Übungen, sanft und vitalisierend, z.B. die Übungen in diesem Buch: Ursprüngliches Licht, Orante, das Lebensrad drehen. Essenz ist im QiGong und der TCM ein wichtiger Lebens-Aspekt mit vielfältigen Gesichtern und hat besonderen Substanzcharakter. Essenz stärkt den Körper, ist eine wertvolle Lebensenergie, bedeutet geläuterte Energie, Verwandlung. Veredelung in alle drei Essenz-Formen, der Primär–Essenz, der nachgeburtlichen Essenz und der Nieren-Essenz. „Die Essenz als einen Schatz zu behandeln, das ist der Weg der Gesunderhaltung. Wenn man die Essenz weitergibt, entsteht neues Leben, wenn man die Essenz bewahrt, stärkt sie den Körper“ (von Tao Hongjing, in Wenzel1995, S. 83). „Die Essenz bestimmt unsere grundlegende konstitutionelle Stärke und Abwehr gegenüber äußeren pathogenen Faktoren“ (Maciocia 1994, S. 45). Durch QiGong – auch durch andere Heilmittel – ist es möglich, die essentielle Schwäche zu reduzieren, ihr vorzubeugen und die Energien zu vitalisieren.

Mingmen, das Tor der Vitalität (s. Lebensrad drehen), ist im QiGong, in der Akupunktur ein ungemein wichtiger Punkt, generell und speziell auch in bestimmten Übungen. Das „Lebensrad drehen“ dürfte mit seiner Betonung des Mingmen als „Radnabe“ in Zusammenhang gebracht werden zu virtus, vitatis, vis viriditas. Die Tugendkräfte und leiblichen Kräfte stehen in engem Zusammenhang, wie es hier sichtbar wird.

7.3. Der große Bär – sanft mit blitzenden Augen

QiGong-Form zur Schwere und Ausgeglichenheit, Stabilität und Wendigkeit

Konzipiert, beschrieben und kommentiert von Hilda-Maria Lander, Quellen-Hintergrund und eigene Übungserfahrung nach Jiao, G. Das Spiel der 5 Tiere

Traditionell werden Qigong-Formen meist ohne Musik geübt, jedoch kann Musik punktuell begleiten.

Unsere Musikvorschläge für diese Form:
Musiktitel: prosperos speach, auf CD mask and mirror, Loreena McKennitt, 1994, 4509–95296–2 WE … oder
Musiktitel: Jan Nang Ga, auf CD Syrah maeta Uber, von Art Forland, BFM 87 4024–2

Die QiGong-Form ist im Sitzen, Stehen und in vereinfachter Form im Liegen möglich.

Einstimmung – wichtig:
Füße stehen parallel schulterbreit, leicht im Knie gebeugt, Hände aufs Dantian (3 cm unterm Bauchnabel) übereinander legen, sich sammeln, zur Ruhe kommen, geistige Aufmerksamkeit auf Hände und Dantian. Sich in das Wesen des Großen Bären einfühlen.

Bewegungs-Folge
I. Kreisende Hohlfaust des Bären – sich sammelnde Energie
„Die Hohlfaust des Bären ist eine locker geschlossene Hohlfaust, der Daumen drückt auf die Nägel von Zeige- und Mittelfinger. Zwischen den gekrümmten Fingern und der Handfläche ist ein fingerdicker Raum, die Finger liegen locker und aneinander. Man stellt sich eine lockere geschlossene Bärentatze mit sanften Krallen vor“ (Jiao, 1992, S. 56).

Ausgangsstellung: Beide Hohlfäuste befinden sich seitlich vor den Hüften.

1. Übung nach links: linke Hohlfaust nach vorne, außen hinten, Ausgangsstellung und *gleichzeitig* rechte Hohlfaust nach hinten, außen, vorne, Ausgangsstellung. Beide Hohlfäuste werden gegengleich kreisend bewegt, in Hüfthöhe; Aufmerksamkeit auf die Hohlfäuste. Zu Beginn der Bewegung werden die Hohlfäuste wie an einem Gummiband gegen leichten Widerstand auseinandergezogen, wie eine kämpfende, widerstreitende Kraft.

2. Übung nach rechts: rechte Hohlfaust nach vorne, außen, hinten, Ausgangsstellung und *gleichzeitig* linke Hohlfaust nach hinten, außen, vorne, Ausgangsstellung. Weiteres siehe 1. Übung.

Beide Übungen mehrmals wiederholen.

II. Stattliche Bärentatze – fließende Energie nach draußen

„Die ‚hohle', d.h. geöffnete Bärentatze ist eine entfaltete Handstellung. Sie wird aus einer natürlichen, gelockerten Handhaltung heraus entwickelt. Die Finger sind leicht gebogen und etwas gespreizt. Die Leogong-Bereich (Anmerkung: Handinnenmitte) ist entspannt. Hier sammelt sich die Kraft und kann dann in alle Fingerendigungen fließen. Die Krallenkraft ist nur wenig ausgeprägt ... Die äußere Sanftheit und Weichheit in der Bärengestalt spiegelt sich auch in der Form der Bärentatze wieder" (Jiao 1992). Die Kraft der Bärentatze ist groß, sie wird innerlich bewahrt und wenig nach außen sichtbar.

1. Übung nach links: Bewegungen wie bei Übung I, 1 – Hohlfaust des Bären.
2. Übung nach rechts: Bewegungen wie bei Übung I, 2 – Hohlfaust des Bären.

Die Formen der Kreisbewegungen sind gleich, jedoch größer, mächtiger und stattlicher; die Kraftentfaltung ist stärker.

Am Ende dieser Übung ist die Vorstellung: „Der Bär tritt aus dem Wald heraus" (Jiao 1992, S. 71); die Bewegungen entwickeln eine nach vorn drängende Kraft aus. Ähnlich wird der Bär in der Geschichte von Ingeborg Ulrich, bei der Begegnung zwischen Bär und Hildegard geschildert (s. Ulrich 1995, S. 22).

Beide Übungen mehrmals wiederholen.

III. Steigende Bärenkraft – Kraftentfaltung und Sanftheit

Hände hängen seitlich nach unten; dann werden die Hände zur Hohlfaust geformt, wie bei I.

1. Übung: Hohlfäuste von der Seite vor den Körper heranziehen bis auf die Höhe des Dantian oder Bauchnabels heben; sie sind nah beieinander;
2. Übung: die Hohlfäuste auf einer Bogenlinie mit schiebender, steigender Kraft nach vorne oben schieben, bis Schulterhöhe oder Augenhöhe;
3. Übung: Hohlfäuste öffnen sich zur Bärentatze und senken sich in einer Kreislinie seitlich nach unten.

Alle drei Übungen mehrmals wiederholen.

Bewegungsabfolge:

- Zuerst die einzelnen Formen von Hohlfaust, Bärentatze, steigende Bärenkraft einige Zeit einzeln in Ruhe üben,
  dann ist als Übungsfolge möglich: Kraft aufbauen und abbauen, zentrieren
- I, Hohlfaust, je 2 × Übung nach links und rechts, dann
  II, Bärentatze, je 2 × Übung nach links und rechts, dann
  III, steigende Bärenkraft, 2 ×, dann I wie oben; also die Kraft aufbauen und abbauen.

Abschluß: wie bei Einstimmung, sich gedanklich vom Wesen des Bären verabschieden.

Vom Wesen des Bären ausleihen – einige Hinweise
Hildegard von Bingen schreibt vom *Wesen* der Pflanzen, Tiere, Bäume usw. (in Physica) und von diesem Wesen heraus, so wie sie es sieht, erklärt sie entsprechende Heil- und Un-Heilwirkungen für den Menschen. Ähnlich wird es im gesundheitsfördernden Aspekt des QiGong nach traditionell chinesischer Vorstellung gesehen (s. Jiao). Es geht nicht um das naturalistische Verhalten zum Beispiel des Bären, sondern um dessen Wesen und der darin innewohnenden Kraft, die Bewegungen sind gleichsam stilisiert. Ein Mensch soll nicht wie ein Bär, ein Kranich o.a. werden, sondern sich durch die QiGong-Übungen etwas vom Wesen dieses Tieres ausleihen, das für ihn heilend und kräftigend, beruhigend wirkt (s. allgemeine Aussagen zu Beginn dieses Buches). Immer sind die Einzel-Sichtweisen im gesamten kosmischen Zusammenhang zu sehen, immer ist die ursprüngliche Kraft und Natürlichkeit alles Lebendigen grundlegend. Ein wichtiger Aspekt ist die Wildheit als Kraft, die dem Menschen innewohnt. – Das Wiedererlangen der Verbindung zur Natur, z.B. durch Tier-QiGong führt zu einem inneren Wohlgefühl, ähnlich den Aussagen zu Viriditas von Hildegard von Bingen. Im Visionsbild Hildegards Kosmos-Mensch sind Tierköpfe sichtbar: ein Leopard, ein Wolf, ein Löwe, ein Bär. Sie hauchen Luft und Winde hinaus. Der Wind ist nicht ein bestimmtes Tier oder der Bär nicht ein bestimmter Wind. Die Winde symbolisieren lediglich die Kräfte der Tiere, nicht die Tiere selbst (nach Riedel 1994, S. 124/126).
„Der Bär hat Wärme fast wie der Mensch, so daß er manchmal kalt ist. Und wenn er warm ist, hat er eine laute Stimme und ist mild. Aber wenn er kalt ist, hat er eine unterdrückte Stimme und ist zornig, weil er in der Begierde sanfte Sitten hat und nicht leicht zornig wird … (R7–023) Wenn aber ein Mensch ängstlich und zaghaft und zitternd und beunruhigt ist, so daß er immer in Schrecken ist, dann nehme er jenes Fell, das zwischen den Ohren des Bären ist, und er gerbe es etwas, und dann lege er es so lange auf seine

Magengegend und sein Herz, bis er davon warm wird, und sogleich wird er kühn sein, und der Schrecken und das Zittern und die Angst weichen von ihm. (R7–024) Laß daher dieses Fell wie eine andere Haut gerben, damit sein Schweiß weggenommen wird, weil – wenn der Mensch vom Fell des Bären, das nicht Fleisch ist, gewärmt wird, so daß der Schweiß, der darin ist, das nackte Fleisch des Menschen nicht berührt, dann wird es ihm in der Begierde nicht schaden. (R7–025) Und das Bärenfett wird gewissen Salben und Heilmitteln beigegeben, und diese werden um so kostbarere Heilmittel sein. Für sich allein taugt es nicht zu Heilmitteln, weil der Bär eine unbeständige Art hat" (Hildegard von Bingen, Physica, S. 453/455).

Carola Meier-Seethaler meint, daß davon ausgegangen werden kann, daß in sehr frühen Zeiten unter der bestehenden Fauna eines Landes die gefährlichsten Tiere ursprünglich immer einer weiblichen Gottheit zugeordnet waren, wie z.B. Löwinnen, Tigerinnen, Bärinnen. Ihre besonderen Eigenschaften sind mütterliche Fürsorge und unerbittliche Tötungsbereitschaft zur Verteidigung und Nahrungsbeschaffung ihrer Jungen. So verkörpern Gottheit und das zugeordnete Tier den majestätischen Aspekt von Leben und Tod, Herrin über Leben und Tod zu sein.

Bärin und Bär finden sich noch heute auf vielen Wappen, die ursprünglich aus den Amuletten entstanden sind und zunächst Schutz und Kraft vermitteln sollten – vielleicht unbewußt auch heute noch.

Charakteristisch vom Bären sind im QiGong:

1. Der Bär ist erdverbunden, er wird dem Element der Erde zugeordnet.
2. Er ist stattlich, stabil, rund, kräftig, fleischig, mit reichlichen Muskeln.
3. Die Bewegungen des Bären sind sanft, schwerfällig, langsam, ruhig, rund und stabil, aber auch gewandt, flink, behende und tapsig nach außen; er ist nicht zerstreut, sondern er hat immer Halt; sein Schritt ist nach außen schwerfällig, nach innen jedoch gewandt, behende. Der Blick des Bären ist meist nach innen gerichtet, er kann jedoch auch aus seinen Augen Blitze schleudern; die Kraft des Nach-oben-Hebens ist mit einer spiraligen, wringenden Kraft verbunden.
4. „Die Ruhe des Bären ist gesetzt, erdverbunden, fest und stabil ... In der Gesetztheit muß man nach Behendigkeit suchen, in der Schwere muß man die Leichtigkeit zeigen, in der Einfalt muß man die Klugheit zum Ausdruck bringen, im Innehalten muß man nach Ausdehnen und Hervorkommen streben, in der Schwerfälligkeit muß man Gewandheit darstellen" (Jiao 1992, S. 54).

Die runden, meist kreisenden Bewegungen des Bären sind heilende Bewegungen, zentrierend, ruhend und dynamisch aufbauend.

Ein interessanter Hinweis aus der religiösen Ekstase- und Trance-Forschung: „Es war beispielsweise offensichtlich, daß die Holzschnitzerei, wo ein kleiner Schamane von hinten von einem mächtigen Bärengeist umarmt wird, eine religiöse Szene darstellt“ (s. Goodman 1989, S. 31 ff, 137 und unser Praxisbeispiel des „Singenden Schamanen“, in: „Trauer und Abschied“ 1992, S. 91). In gelenkten ekstatischen Erfahrungen wird der Bären-Geist gesehen:

- Das Fell ist in der Imagination aufgetaucht und aus diesem Fell ist Kraft in den Menschen eingeströmt (s. Geschichte von der Begegnung Hildegard und der Bär) und war bei der Überwindung der Furcht behilflich;
- Der Bär kommt in der Vorstellung von hinten und umarmt den Menschen, der sich mütterlich geborgen fühlt;
- Die Bärenhaltung wird in der Trance oder Ekstase fast immer als Heilehaltung erfahren und der Bären-Geist wird vielerorts (nach Goodman, S. 130) als mächtiger Heiler angesehen. Als innere Bilder wurden immer wieder wahrgenommen, daß bei der Bären-Haltung eine Energie in den Menschen einströmt, die heilend wirkte. Der Kopf des in Trance befindlichen Menschen ist leicht nach hinten geneigt, um sich beim Bären halten und bergen zu lassen.

Fast immer wurde wahrgenommen: ein Gehalten und Geschützt/Beschützt-Werden, Energieübertragung und daß heilende Kräfte eintreten (Goodman 1989, S. 31). Durch diese Bärengeist-Haltung wird Heilung und Geheilt-Werden vermittelt. Bei solchen Heilungen geht es nicht darum, irgendein Leiden zu beheben, sondern die körperliche wie seelische Harmonie, das Gleichgewicht zu stärken oder wiederherzustellen (Goodman 1989, S. 135).

Aus einem Erlebnis mit der Bärengeist-Haltung wird berichtet: „Mir ist am Rücken heiß geworden und ein Bild vom Fall des Bären ist aufgetaucht. Plötzlich hat der Bär das Fell über mich getan. Ich habe Angst, daß er mir etwas tut. Ich bin auf seinen Füßen gegangen, ich bin gestolpert und gefallen; aber aus dem Fall ist Kraft in mich geströmt“ (Goodman, S. 137). Der Bärengeist gilt vielerorts als mächtiger Heiler.

Hildegards Aussage von der Wirkung des Bärenfells hat Ähnlichkeit mit dieser Aussage.

7.4. Bären-Geist – Begegnung und Angst
– wilder Bär und wilde Hilde, Tanz und Geschichte

Tanz entwickelt und aufgezeichnet von Hilda-Maria Lander und Maria-Regina Zohner. Hintergrund und Inspiration bildet die Geschichte „Der Bär“ über Hildegard von Bingen von Ingeborg Ulrich. Weitere Orientierung an der „Bärenmusik“ aus Griechenland und dem griechischen Tanz Zonaradikos ohne jedoch die Originalschritte und Formen zu übernehmen.

Vorschlag zum methodischen Vorgehen:
- Tanz in vereinfachter Form: Sanft-wilder Bär
- evtl. Elemente vom QiGong: Der große Bär
- Die Geschichte vom Bär erzählen oder lesen
- den Original-Tanz: Bären-Geist – öfters wiederholen

Musik:
von Michalia Terzis, Makedonia – Thrake, auf No Timon Hemar, Philips 826982
Aufstellung: im Kreis oder Halbkreis

TANZ

Takte	
1–40	Vorspiel
1	*Hildegard-Schritte*
1–4	Rechter Fuß vorwärts in Tanzrichtung ↷ kurz linker Fuß vorwärts in Tanzrichtung ↷ kurz rechter Fuß vorwärts und hop ↷ lang
5–8	wie Takte 1–4, jedoch mit linkem Fuß beginnen ↷
9–40	wie Takte 1–8 wiederholen ↷
2	*Bärenschritte*
1–4	Rechter Fuß vorwärts ↷, linker Fuß vorwärts ↷ kurz-kurz breitbeinig gehen auf rechtem Fuß stehen und geerdeter hop lang dabei leicht drehen ↷ ↷
5–8	wie Takte 1–4, jedoch mit linkem Fuß beginnen
9–96	ungefähr ab Takt 49 drehen am Platz ↺ ↻
3	*Vor und zurück,* Orientierung und Entscheidung
1–4	Rechter Fuß vorwärts zur Mitte ↑ linker Fuß vorwärts zur Mitte ↑ kurz-kurz rechter Fuß zur Mitte und hop ↑ lang
5–8	wie Takte 1–4 jedoch rückwärts zurück, ↓ linker Fuß beginnt ↓ bei Takt 2 kann der linke Fuß den rechten hinter-einkreuzen zu Beginn des Tanzes Rollenaufteilung in Nr. 1 = Hildegard, Nr. 2 = Bärin, Bär
9–40	wie Takte 1–8, wiederholen, *jedoch* bei Takt 29 Rollentrennung:

Nr. 1 rückwärts zurück wie bisher, Nr. 2 Halbdrehung und rückwärts auf den Gegenplatz; jede, jeder hat ein Gegenüber auf Abstand
Je nach Ausgangsstellung stehen sich zwei Reihen oder 2 Kreise gegenüber.

4	*Aufeinander zugehen,* Leben und Tod im zick-zack
1–8	wie Takte 1–8 von Teil 2,
	jedoch schräg rechts und links
	allmählich aufeinander zu, wobei die Nr. 1 am Platz tanzen
9–48	wie Takte 1–8 wiederholen
49–84	linke Hand auf rechte Schulter und rechte Hand in linke Hüfte der Gegenüber legen, langsam
5	*Begegnung*
1–36	langsame Paardrehung im Gehen, im Uhrzeigersinn
37–72	schnelle Paardrehung als Swing, im Uhrzeigersinn
73–80	Tanzhaltung lösen, sich trennen und verabschieden
6	*Verabschiedung*
1–40	wie Nr. 4, jedoch im Zick-zack
	allmählich rückwärts zurück
7	*Verbeugung und Dank*
1–8	sich verbeugen, dabei gekreuzte Arme über der Brust,
	am Ende offene Handhaltung

Bedeutungs-Möglichkeiten der einzelnen Tanzteile:
Zu Nr. 1: Hildegard-Schritte; sie symbolisieren die heitere Stimmung bei Hildegard, Spaziergang durch die Wiesen, Felder, mit allen Sinnen; alle Tanzenden sind in der Rolle der Hildegard von Bingen.
Zu Nr. 2: Bärenschritte symbolisieren die Bärin, den Bär, wie sie aus dem Wald kommen; alle sind in der Rolle der Bärin. Sie wird geschildert als mütterlich, fürsorgend, stark, aber auch tötungsbereit und wild.
Zu Nr. 3: Vor und Zurück, Orientierung und Entscheidung. Diese Schritte sind Hildegard zuzuordnen – alle übernehmen diese Rolle. In ihrer Angst sucht sie nach Orientierung, soll sie bleiben oder flüchten – ein schwieriger Entscheidungsprozeß. Hildegard legt großen Wert auf die bewußte Ent-

scheidung und Eigenverantwortung des Menschen, ähnlich dem griechischen Drama. – Gegen Ende ist Rollenteilung, es entsteht eine Opposition, ein unterschiedliches Gegenübersein.
Zu Nr. 4: Aufeinander zugehen, Leben und Tod im Zick-zack. Das Zickzack bedeutet in manchen Kulturen (z.B. in Afrika) Leben und Tod, ein Aufwärts und Abwärts. Jedes neue Aufeinander-Zugehen lebt von der Sorge und Spannung des Angenommen- oder Abgelehnt-Werdens. Das hin und her im Aufeinander-Zugehen dramatisiert sich, am Ende stehen beide Auge in Auge, gebannt.
Zu Nr. 5: Begegnung; Halt suchen, Halt finden; das Fremde im Anderen annehmen, sich in seinen Unterschiedlichkeiten versöhnen; die Verletzungsgefahr ist groß.
Zu Nr. 6: Verabschiedung; Jedes Geschöpf hat seinen eigenen Lebensentwurf und Auftrag; in jeder Begegnung sind tausend Abschiede; was können wir sein für die Anderen, ihnen mitgeben? Hildegard weist auf die Heilwirkung des Bärenfelles, die eigene Angst anfassen, aber auch Kraft.
Zu Nr. 7: Verbeugung und Dank; verbeugen (Wirbelsäule wird gestreckt) und aufrichten, sich und andere; es bleibt die Erinnerung; sie kann heilsam sein.

Hinter-Gedanken zur Begegnung des Kosmos-Menschen Hildegard mit dem Bären, der Bärin

Zu Beginn der Tanzbeschreibung haben wir angedeutet, daß dieser von uns geschaffenen Tanzform die Geschichte von J. Ulrich (s. Literatur-Angaben) zugrunde liegt. Eine einfache Variante dieses Tanzes haben wir in Kap. II beschrieben als tänzerische Erfahrung.
„Wir wissen nicht, ob die Geschichte einer wahren Begebenheit entstammt; vorstellen könnten wir es uns schon. Die Begegnung als solche, im Tanz erfahren, kann auf anderer Ebene echt und sehr dicht sein. So begleiten diesen Tanz zwei innere Schwerpunkte: der Bär, die Bärin mit ihren verschiedenen Wesensanteilen und der Begegnung eines Menschen mit einem Bären. Die Begegnung ist immer konkret, sei es mit einem „handfesten" konkreten Bären oder der Begegnung des Bären, der Bärin in mir selbst, mit Wesensanteilen, die ich in mir habe, vielleicht verschüttet, verleugnet, vielleicht ängstlich, neugierig von unserer Seele beschnuppert. In Begegnungen kann Faszination und Angst, Freude und Wildheit eng beieinander liegen.
Hildegard wird als mutig, kraftvoll, streng, streitfähig, aber auch ängstlich, zärtlich, hochsensibel, bilderreich geschildert. Und sie begegnet ihrem eigenen Bären-Anteil, ihrer Sanftheit, Wendigkeit, großen Kraft und sie begegnet ihrer Angst, sie die Mutige.
Hildegard selbst sagt, daß der Mensch den ganzen Kosmos in sich trägt (s. Kosmos-Mensch-Bild). Wir nehmen Hildegard konkret beim Wort. Die

Bärin, der Bär als Kreatur sind Anteile des Kosmos, und diese Kreatur ist wieder anteilig im Menschen. Wir können der Kreatur anders begegnen, wenn wir sie ein wenig kennen, wenn wir sie tanzend-meditieren-vitalisierend erfahren, wenn wir sie respektieren, nicht beherrschen wollen.
Wer im QiGong Tierbewegungen üben möchte, dem wird empfohlen, sich mit dem Wesen dieses Tieres auseinanderzusetzen, dieses Tier so genau wie möglich zu beobachten, selbst wenn es nur im Tier-Garten ist. Dann können wir heilende Elemente durch Bewegung, durch innere Bilder und Vorstellungen in uns bewegen, üben und „absichtslos" Heilung an uns geschehen lassen. Heilung wird hier auch gemeint, als Wiederanschluß an die Kraft des Kosmos, an Viriditas, an Qi als Energien. Vielleicht bekommen wir sogar noch ein Bärenfell geschenkt.
Gedanken zum Bärenfell bei der vereinfachten Tanzform: Der sanft-wilde Bär, Kap. II, 5.

Der Bär

Erzählung von Ingeborg Ulrich, gekürzte Fassung
Originalform in: Ulrich 1995, S. 22f.

„Am Sonntagmorgen über die Felder zu gehen war Hildegards Lust. Die Leibeskraft sammeln und das Tor aufschließen, es öffnen, bis es den Blick freigibt über das hügelige Feld, eingenebelt vom Morgendunst oder sonnengelb. Welch ein Augenblick. Sie atmet tief und beißt in die Luft, packt das Feld und hebt es zu sich hoch, ehe sie es zu inspizieren beginnt: Die Anordnungen wurden befolgt, die Kräuter stehengelassen, keine Zerstörung durch Hagel, durch Regen, nichts Verbranntes, Fortschritt der Reifung. Sie bricht eine Ähre, zupft die Haare aus, zerbröselt die Körner, riecht mit offenen Nüstern, schmeckt. Sie schluckt und schmettert die Töne der Lerche zurück in den Himmel, lockt den Vogel, balzt mit ihm hoch droben, tief unten.
Da bricht der Waldrand auseinander, der Bär steht da, steht, schaut, tapst voran. Immerzu wird der Gesang erstickt. Umkehren, den Bären im Rükken? Weglaufen und die Verfolgung anstacheln? Stehenbleiben und abwarten? Ihm entgegen gehen, zur Umkehr zwingen? Was liegt in ihren Kräften, was in ihrer Macht? Sie gräbt die Fingernägel in die Daumenballen. Der Bär zottelt auf sie zu. Das ist keine Wahnvorstellung. Fern die Mauer des Klosters, kein Mensch in der Nähe, nur das Feld mit der niedrig stehenden Gerste, die sie eben noch gelobt hat. Der Bär kommt näher, ein Kraftprotz. Hildegard bleibt stehen, ihre Füße bohren sich in den Sand. Der Bär wird größer, eine Bestie, Blitze schleudern aus seinen Augen. Da steht er vor ihr. Man darf einem Bären nicht in die Augen schauen. Ein Hieb seiner Tatze

schlägt mich zu Boden. Der Bär schnüffelt an ihrem Rock, kriecht um sie herum, richtet an ihrer linken Seite sich auf und legt seine Pranke auf ihre Schulter, und Hildegard gräbt ihre Hand in das Fell hinter den Ohren. Was sind denn das für Zärtlichkeiten! Ganz warm wird ihr. Der Bär wendet ihr das Gesicht zu, und sie sieht ihm in die Augen, da läßt er ab, trottet zurück in den Wald, schaut sich nicht um. Hildegard folgt ihm mit den Blicken, bis er verschwunden ist, Wärme in ihrer Hand, Nässe auf ihrem Gesicht. Eine schwache Frau.

Als Hildegard eines Tages vom Echternacher Abt ein Bärenfell geschenkt bekommt, nahm sie es an, ohne zu zögern. Und niemals vorher hat eine Decke sie wärmer gehalten als dieses Fell. *Wer überängstlich ist, muß das Fell des Bären zwischen den Ohren nehmen, gerben und so lange auf seine Brust legen, bis er davon erwärmt wird. So verliert er seine Ängstlichkeit.* In der Nacht nach der Begegnung hatte sie von dem Bären geträumt, von der Tatze auf ihrer Schulter, als werde Halt gesucht."

7.5 Stehen wie eine Kiefer – Grünkraft voll Sonne und Tau

QiGong-Übung und Text-Meditation

„Die Huangshan-Kiefer
Ihr Fuß ruht fest auf dem Berg und
Ihr Haupt ragt in den Himmel empor;
Sie nimmt in sich das Qi des Kosmos auf,
Spannt sich auf in die Weite des Raumes"

(von Jiao Guorui, abgedruckt in Zeitschrift für QiGong Yangshen, 1966, S. 39)

„Durch Dich träufeln die Wolken,
regt ihre Schwingen die Luft.
Durch Dich birgt Wasser das harte Gestein,
Rinnen die Bächlein
und quillt aus der Erde das frische Grün.

Du auch führest den Geist
der deine Lehre trinkt,
ins Weite.
Wehest Weisheit in ihn
und mit der Weisheit die Freude."

(Hildegard von Bingen, in Scivias, S. 384, von M. Böckeler übersetzt)

Vorstellungen, die in die QiGong-Übung eingeästet werden können:
- Kiefern sind im Erdreich verwurzelt, sie haben einen aufrechten Wuchs, sind zur Sonne ausgerichtet, klar und stark;
- die Huangshan-Kiefer (s. Gedicht) wächst aus Felsspalten hervor, in außerordentlich schöner Berglandschaft, mit reinen Quellen und faszinierenden Sonnenaufgängen; sie besitzt ein außergewöhnliches Qi (Lebensenergie); das Huangshan-Massiv liegt in China; Baum und Mensch stehen in dichter Korrespondenz miteinander;
- die Kiefer ist immer grün; in ihrer Viriditas, Grünkraft, ist sie innerlich und äußerlich unerschütterlich, aufrecht, stabil, auch im Fels und dennoch beweglich;

  Viriditas fließt im Baum wie Qi, die Energie von unten nach oben, von oben nach unten, seitlich ausbreitend und zur Mitte zentrierend; oben meint auch den Himmel, unten meint auch die Erde, seitlich meint auch von Horizont zu Horizont, Mitte meint auch das Herz des Menschen und das Herz Gottes, des Seins. Der Baum, der Mensch ist abgegrenzt und gleichzeitig verflochten mit dem Kosmos.
- „Der Stand sollte ausgerichtet sein wie eine Waage und Lot … Nicht das Gewicht einer Feder kann (unbemerkt) hinzugefügt werden, nicht einmal ein Insekt kann sich niederlassen (ohne daß es bemerkt wird)" (Jiao, Zeitschrift für QiGong Yangshen, S. 11).

Traditionell werden QiGong-Formen ohne Musik geübt. Es ist jedoch möglich, gegen Ende der Übung mit Musik zu begleiten. Es kann jede tragende Musik verwendet werden.
Unser Musikvorschlag für die Variation (zur Originalform verwenden wir keine Musik): Asmara auf CD Syrah meets Ubar, von Art Forland, BFM 87 4024–2
Die QiGong–Form ist im Sitzen und Stehen möglich.

Einstimmung – wichtig:
Füße stehen parallel schulterbreit, leicht im Knie gebeugt, Hände aufs Dantian (3 cm unterhalb des Bauchnabels) übereinanderlegen, sich sammeln zur Ruhe kommen, geistige Aufmerksamkeit auf Hände und Dantian; sich auf das Wesen der Kiefer einstellen,
Besonders wichtig: oben leer – unten fest. Die Energie soll sich möglichst nah an der Quelle, der Erde befinden. Auf der Fußsohle, Ballenmitte liegt der wichtige Nierenpunkt „Sprudelnde Quelle".
Die Augen sind leicht geöffnet, ohne sie anzuspannen oder „starr" in die Weite zu schauen, sondern nach innen. Jedes zu starke oder zu lange Anspannen der Augen führt zu einer Verspannung der Wirbelsäule und des gesamten Körpers.

Übungs-Folge:
(nach Jiao 1992, S. 34ff)
Es ist eine Ruhe-Steh-Übung, bei der die einzelnen Bewegungen „angehalten“ werden, um darin ein wenig zu verweilen, darnach die nächste kleine Bewegung. Das in die Ruhe gehen ist ein Zustand geistiger Stille und Wachheit.

1

1. *stehen wie eine Kiefer*
   unten fest, oben leicht,
2. *Handzeichnungen: eins*
   Kreisbewegung der Hände, seitlich die Hände drehen, nach innen, hinten, außen, vorne; am Ende schauen die Handinnenflächen nach unten

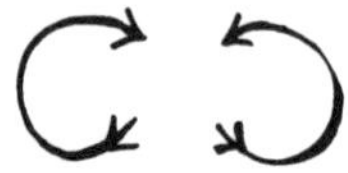

3

3. *Bälle ins Wasser drücken*
   innere Vorstellung: zwei Bälle ins Wasser drücken, leichte Anspannung; Handinnenflächen (Laogong-Punkte) mit der Erde verbinden.
4. *Handzeichnungen: zwei*
   Kreisbewegung der Hände nach vorne-außen-unten-zur Mitte vor das Dantian, dabei Handinnenflächen nach oben.

5

5. *Tragen – Flügelsamen in Händen*
   die Bälle aus dem Wasser oder verwandelt als Flügelsamen in den Händen, wie in Samen tragen, Handinnenflächen nach oben, den Kontakt zur Erde nicht verlieren.
6. *Baum umarmen*
   Hände werden auf Brusthöhe vor den Körper gehoben, Handinnenflächen zum Körper. Schultern sind locker, in der Vorstellung: Energien zwischen Mensch und Baum austauschen oder Energien abgeben oder holen;
   es ist auch eine konkrete indianische Heilungsform; auch Hildegard spricht davon, welche Bäume kalt, warm sind oder andere Wirkweisen haben, entsprechend werden die Bäume ausgesucht;

in der Kiefer-QiGong-Übung können wir uns in unterschiedlichen Bedürftigkeiten finden;

7. *Atem regulieren*
   Hände auf Schulterhöhe mit Ellbogen heben, Hände drehen, so daß Handinnenflächen nach unten schauen, Schultern bleiben locker.
8. *Geist beruhigen*
   Hände vor dem Körper absenken, Handinnenflächen nach unten, bis vor Dantian.

Wird die Übung wiederholt, 3 ×, 6 ×, 9 ×, dann die Hände „auseinanderziehen" zur Seite, bis zur Ausgangsstellung. Wird die Übung beendet, dann:

Abschluß:
Wie bei Einstimmung und sich vom Wesen der Kiefer und den jeweils inneren Vorstellungen verabschieden.

Variation zu dieser QiGong-Ruhe-Steh-Übung:
Derselbe Bewegungsvorgang langsam und kontinuierlich durchbewegen, ohne Innehalten an den verschiedenen Punkten. Wer Schwierigkeiten hat, längere Zeit ruhig zu stehen, mit wenig Bewegung, kann diese Variation einüben, um nach einiger Erfahrung in die Original-Form zu wechseln. Ausprobieren und achtsam auf die Reaktionen des eigenen Körpers „hören" und sich dann für die entsprechende Übungsform entscheiden.

Aussagen Hildegards zu Kiefer/Föhre
„Die Föhre ist mehr warm als kalt und feucht, und so bezeichnet sie die Trauer und hat in ihrer Natur nichts Fröhliches (R3–160). Aber ihr Saft ist sehr brauchbar für Salben und Augenmittel. Wenn jemand Salben bereitet, füge er vom Saft ihrer Zweiglein den Salben bei, und sie werden kräftiger und besser. Oder wenn jemand Augensalben macht, füge er ihnen von diesem Saft ein wenig bei, und es macht die Augen im Lichte strahlen und besser sehen. Einfach und allein (gebraucht) taugt sie zu keinen Heilmitteln, weil ihr Saft an sich zu stark wäre, es sei denn, er werde mit Zusätzen gemäßigt." (aus: Hildegard von Bingen, Scivias, S. 269, üb. Böckeler)
Die Begeisterung Hildegards ist wesentlich gedämpfter als die Sicht von QiGong (s. Jiao 1992).
Die Kiefer ist neben anderen Symbolen wie Kranich, knorriger Stab, Pfirsich, ein Zeichen der Unsterblichkeit oder zumindest Langlebigkeit. Der Begriff und die Sehnsucht der Unsterblichkeit spielte eine große Rolle im

Taoismus. Heute ist geblieben die Form der „spirituellen Unsterblichkeit", d.h. „Erleuchtung und Erlangung der Einheit mit dem höchsten Prinzip" (Lexikon der östlichen Weisheitslehren 1986, S. 69).
Ob die mittelalterliche Mystik der „Vereinigung mit Gott" ähnliches meinte, können wir nicht exakt beurteilen, möchten jedoch darauf hinweisen.
Als Abschluß des Heilungsdenkens, das dieses Kapitel durchzieht, möchten wir zur Meditation anbieten:

Der unnütze Baum:
von Tschuang-Tse 1997, S. 6f. Es ist neben den Schriften von Lao Tse wohl das wichtigste Buch jener Zeit, vielleicht auch heute noch.
„Hui-tse sagte zu Tschuang-tse und sprach: ‚Ich habe einen großen Baum, die Leute nennen ihn ‚Stinkbaum'. Sein Stamm ist so knorrig und verwachsen, daß man ihn nicht mit einem Bandmaß abmessen kann. Seine Zweige sind so krumm und gewunden, daß man sie nicht mit Zirkel und Winkelmaß berechnen kann. Er steht da am Weg, und kein Zimmermann beachtet ihn. So sind nun auch deine Worte, großartig und unnütz, und alle wenden sich einmütig von ihnen ab.'
Tschuang-tse sprach: ‚Hast du noch nie eine Wildkatze gesehen, wenn sie geduckt ihre Beute beschleicht? Hin und her springt sie von Ast zu Ast und scheut nicht den Sprung in die Tiefe. Bis sie doch einmal in eine Falle gerät oder in einer Schlinge umkommt. Ein Ochse ist dagegen gewaltig wie eine Wolke am Himmel und von mächtiger Kraft, aber Mäuse fangen kann er freilich nicht.
Nun hast du einen großen Baum und bist bekümmert, daß er zu nichts taugt. Warum pflanzt du ihn nicht auf eine öde Heide oder in weite Wildnis? Dann könntest du müßig in seinem Schatten wandeln oder friedlich unter seinen Zweigen schlafen. Nicht Beil noch Axt würde ihn fällen und nichts ihm Schaden tun.
Warum sollte es ein Grund zum Kummer sein, daß etwas keinen Nutzen bringt?'"

7.6. O Symphonia – Heilkraft der Töne
Vom Bildteppich – Worte zum Klangteppich

„Alle Kraft, alle Heilung jeglicher Art ist eine Veränderung der Schwingungen von innen, die Einstimmung des Göttlichen im Inneren des lebenden Gewebes eines Körpers mit den schöpferischen Energien. Wie immer das geschieht – es ist die Harmonie der atomaren Struktur der lebendigen Zellkräfte mit ihrem geistigen Ursprung. Denn alle Heilung kommt aus einer Quelle". *Edgar Cace*

„So stand ich ohne Seufzen und Zähren, bevor die Engel sangen, die da singen im Einklang mit der Harmonie der Sphären". *Dante*

„Die Himmelsharmonie verkündet die Gottheit und das Wort die Gottheit des Sohnes Gottes." *Hildegard von Bingen*

Gott spricht sich aus im Wort und seine Stimme stimmt die Schöpfung; der Kosmos ist gestimmt, alle Gestirne sind gestimmt und also klingen sie, denn „alles ist Klang". Hildegard geht vom Konzept einer Weltenharmonie aus, die alles im Makrokosmos wie auch im Mikrokosmos im Einklang sieht. In diesen Klangteppich hinein ist der gestimmte Mensch verwoben. So ist die Musik eine grundsätzliche Ordnung, eine Zeitordnung auch, die den Menschen ordnet, immer wieder ordnen kann. Der verstimmte Mensch kann je neu gestimmt werden und erfährt im Zusammenstimmen eine heilende Dimension, seine Heilung.
In allen ihren Werken erwähnt Hildegard oft die kosmische Rolle von Musik, Gesang und Musikinstrumenten. Für sie besteht das Ziel der Schöpfung darin, daß sich die Stimmen aller Kreaturen im Gesang zum Lobe Gottes vereinen – wie die Engelchöre im Himmel. Sie sagt, der Mensch konnte noch vor dem Sündenfall dieser Harmonie Ausdruck verleihen und gleich einem Engel mit einer Stimme singen. Wenn Wort und Musik sich im Gesang vereinigen, so – glaubt sie – erhöht die Musik die Heiligkeit des Wortes; sie versetzt den Körper in eine mitfühlende Resonanz, wodurch der Sinn der Worte unmittelbar in die Seele eindringt.
„Um diese musikalische Grundstimmung zusammenzufassen und auf den Menschen zu beziehen, darf man – mit einer Formel Hildegards – sagen: ‚Das Herz des Menschen ist symphonisch gestimmt *(anima symphonialis est)*'. Es wurzelt im Urklang und zielt auf den Einklang. Wir besitzen den Urklang göttlicher Ordnung auch heute noch, empfinden alle Mißstimmungen unserer jetzigen Verfassung und sehen uns nach einer endgültigen Harmonisierung. Des Himmels Heerschar aber freut sich jetzt schon über jeden Klang der Tugendkräfte" (aus: Schipperges 1997, S. 63).
Der Spannungsbogen menschlicher Stimme, menschlicher Atmung reicht von seufzen, stöhnen, stammeln, reden zu singen und jauchzen. Und alle diese Ausdrucksformen verwenden wir auch in unseren Aussagen über die Instrumente und deren Ausdruck. Hildegard von Bingen ist eine der wenigen Frauen, die auf dem Gebiet der Musik schöpferisch tätig waren und in die Öffentlichkeit gingen: siebenundsiebzig Lieder und ein Singspiel „Spiel der Kräfte ordo virtutum" sind uns in zwei Handschriften überliefert, Gesänge von hohem Wert und künstlerischem Rang. Dabei stellt der gregorianische Choral die Grundordnung dar, doch ist alles auf breiterem Grund noch durchatmeter, schöpferischer und verspielter in Neumen fest-

gehalten. So offenbart sich in den Liedern der Lebenshauch, den Gott in den Leib des Menschen sandte.
Nachfolgend zwei Liedbeispiele – die Übersetzungen der Lieder sind entnommen: Hildegard von Bingen, Lieder. Nach den Handschriften hrsg. von Pudentia Barth, Immaculata Ritsches und Josef Schmidt-Görg, Salzburg 1969.

O Virtus Sapientiae
Antiphon

O virtus Sapientiae,
quae circuiens circuisti
comprehendo omnia
in una via, quae habet vitam,

tres alas habens,
quarum una in altum volat,
et altera de terra sudat,
et tertia undique volat.
Laus tibi sit, sicut te decet, o Sapientia.

O Kraft der Weisheit, umkreisend die Bahn,
die eine des Lebens, ziehst um das All du die Kreise, alles umfangend!

Drei Flügel hast du: In die Höhe empor
schwingt der eine, auf der Erde müht sich der
zweite, und allüberall schwingt der dritte. Lob
sei dir, Weisheit, würdig des Lobes!

O Vis Aeternitatis
Responsorium

O vis aeternitatis,
quae omnia ordinasti in corde tuo,
per Verbum tuum omnia creata sunt,
sicut voluisti,
et ipsum Verbum tuum
induit carnem in formatione illa,
quae educta est de Adam,
et sic indumenta ipsius
a maximo dolore abstersa sunt.

O quam magna est benignitas Salvatoris,
qui omnia liberavit
per incarnationem suam,

quam Divinitas exspiravit
sine vinculo peccati.

Et sic indumenta ipsius
a maximo dolore abstersa sunt.
Gloria Patri et Filio et Spiritui Sancto.

Et sic indumenta ipsius
a maximo dolore abstersa sunt.

O Urkraft der Ewigkeit, in deinem Herzen ordnetest du alles, erschaffen ist alles durch dein Wort, wie du es gewollt, und dieses dein Wort, es zog Fleisch an in jener Gestalt, wie sie von Adam her stammt, und so ward genommen von seinem Gewande schmerzliches Leid.

O wie groß ist unsres Heilandes Güte! Er hat, da er Mensch ward durch den Odem der Gottheit – ohne die Fessel der Sünde – alles befreit.

Und so ward genommen von seinem Gewande schmerzliches Leid.
Dem Vater sei Ehre, dem Sohn und dem Heiligen Geist.
Und so ward genommen von seinem Gewande schmerzliches Leid.

Die kirchliche Singpraxis kennt zu Beginn des Kirchenjahres die sogenannten O-Antiphonen. In großen und wunderbaren Bildern nähern sich die Singenden Schritt für Schritt dem Geheimnis der Menschwerdung. Hildegard von Bingen bedient sich in ihren Liedern häufig der Form der „O-Antiphonen". Im sogenannten Vokativ seufzt, schluchzt und jauchzt sie: „O Weisheit", „O Kraft der Weisheit". Ein tiefes Durchatmen, in dem die Seele Kraft schöpft aus dem Urgrund ihres Seins, ermöglicht sich im Singen den Rhythmus der Urordnung einzuverleiben. Und da – großes Staunen bricht auf, und der Mensch kann dem Wort, das auf ihn zukommt Antwort geben. So wird das Staunen zur Grundvoraussetzung für Glauben. Und der Glaubende, die Glaubende spürt in sich „den cantus firmus" als Halt, als Grund, als Chance, als Herausforderung und kann so zum „Homo ludens" werden, der in großer Freiheit – weil gehalten – die Fülle des Lebens lobt und spielt.

Literatur

Berkmüller, Alfons, Aspekte einer Hildegard-Medizin. Der Artikel ist erhältlich bei der Basler Hildegard Gesellschaft, Hildegard-Vertrieb, Aeschenvorstadt 24, CH-4010 Basel
Charpantier, Louis, Die Geheimnisse der Kathedrale von Chartres, Gaia Verlag, Köln [9]1986
Diamond, John, Lebensenergie in der Musik, Verlag Bruno Martin, Südergellersen 1983
Eckert, Achim, Das Tao der Medizin, Hauck Verlag, Heidelberg 1996
Frickel, Michael E., Symphonie des Daseins, Meditationen – themenzentriert, Grünewald Verlag, Mainz 1992

Goodman, Felicitas, Wo die Geister auf den Winden reiten – Trancereisen und ekstatische Erlebnisse, Bauer Verlag, Freiburg/Br. 1989
Hildegard von Bingen, Ein Zeichen für unsere Zeit, von Heinrich Schipperges, Knecht-Verlag, Frankfurt/M. 1981
Hildegard von Bingen, Heilkraft der Natur, Physica, Das Buch von dem inneren Wesen der verschiedenen Naturen der Geschöpfe, übersetzt von M.-L. Portmann, Hg. Basler Hildegard Gesellschaft, Pattloch Verlag, Augsburg 1991
Hildegard von Bingen, Heilkunde, übers. v. Heinrich Schipperges, Otto Müller Verlag, Salzburg 1974
Hildegard von Bingen, Symphonia, Gedichte und Gesänge, Hg. Walter Berschin und Heinrich Schipperges, Lambert Schneider Verlag, Gerlingen 1995
Hildegard von Bingen, Welt und Mensch, übers. u. erläutert von Heinrich Schipperges, Otto Müller-Verlag, Salzburg 1965
Jiao, Guorui, Spiel der 5 Tiere, QiGong, Gesundheitsfördernde Übungen der trad. chin. Medizin, MLV, Uelzen 1992
Konermann, Bernward, Ordo virtutum, Spiel der Kräfte, Hildegard von Bingen, Pattloch Verlag, Augsburg 1991
Meier–Seethaler, Carola, Von der göttlichen Löwin zum Wahrzeichen männlicher Macht, Ursprung und Wandel großer Symbole, Stuttgart, Kreuz Verlag 1993
Riedel, Ingrid, Hildegard von Bingen, Prophetin der kosmischen Weisheit, Kreuz Verlag, Stuttgart 1994
Steindl-Rast, David, Musik der Stille, Mit Gregorianischen Gesängen zu sich selbst finden, Knaur, München 1995
Timmermann, Tonius, Die Musen der Musik, Stimmig werden mit sich selbst, Kreuz Verlag, Stuttgart 1989
Tschuang–Tse, Dichtung und Weisheit, übers. H. Stange, Insel Verlag, Frankfurt/M. 1997
Ulrich, Ingeborg, Hildegard, Mystikerin, Heilerin, Gefährtin der Engel, Knaur Verlag, München 1995
Voss, Gerhard, Musik des Weltalls wiederentdecken, Christliche Astralmystik, Verlag Pustet, Regensburg 1996
Wenzel, Gerhard, QiGong, Quelle der Lebenskraft, Ed. Tau, Sauerbrunn 1995
Zett, Luis, Rituelles Singen, Übungen und Meditation, Ein Selbsterfahrungsbuch, Kösel Verlag, München 1988
Ziegler, Gabriele, Der Weg zur Lebendigkeit, Münsterschwarzacher Kleinschrift, Vier-Türme-Verlag, Münsterschwarzach 1993
Zeitschrift für QiGong Yansheng, MLV, Uelzen 1996

8. Ein Segen bist Du – voller Rosenduft und Barmherzigkeit

8.1. Segen ist ein Morgen voller Rosenduft, geheimnisvoll

Das Denken, Schauen Hildegards verläuft in konzentrischen Kreisen (nach Lautenschläger) um das göttliche Mysterium. Der Prozeß des Umkreisens von kaum Benennbarem – es ist auch das Wesen taoistischer Denkweisen. Wir werden Segen umkreisen, seine Gewänder fühlen, seine Düfte riechen, seine Bewegungen schauen und wir werden füllen und loslassen.
Du sollst gesegnet sein, du bist ein wahrer Segen für mich, vergelt's Gott – segen's Gott, ein gesegneter Morgen, eine gesegnete Zeit. Großvater, der geliebte, segnete das Zeitliche, und als er gestorben war, spürten wir, daß er

sein ganzes Leben das Zeitliche gesegnet hatte, die Menschen, die Felder, die Tiere, uns und abends beim Sensen-Dengeln erbat er den Segen für sich (vielleicht sogar in seine Pfeife hinein). Oder Großvater brachte den Segen sehr schmackhaft, farbig, am Hut ein Walderdbeerensträußchen, ein aufregender Segen für die Kinder, kaum erreichbar, welch köstlicher, kostbarer Segen.

Die Sehnsucht nach Segen, tief verwurzelt als Geborgenheit, als Wohlwollen, als Schönheit, als Sonne, als Regen, als Tränen, als Seufzen, als Lachen, als Salz und Brot, als Sanftheit und Wildheit, als Gesundheit und daß uns das Leben glücken möge. Die Schöpfung ein Segen, du ein Segen, ich ein Segen, Gott ein Segen.

Segen, segnen ist ganz konkret, verbunden mit Menschen, Dingen, der Kreatur und Segen ist allgemein, transzendierend. Immer ist Segen eine *heilschaffende Kraft* (Herder Lexikon [3]1978, S. 152). Das Gegenstück ist Fluch, verfluchen, eine zerstörende Kraft. Die Quellen zum Fluch und zum Segen liegen nahe beieinander wie Haß und Liebe.

Verschiedene Sprachen, ähnliche Inhalte: barak (hebr.), eulogein (griech.) benedicere (lat.) und „alle diese Begriffe bringen nicht nur den Segen zum Ausdruck, der von oben nach unten geht" (Voss 1995, S. 1), sondern auch von unten nach oben. *Segen ist immer dialogisch*. Segen als ein Herabflehen, ein Heranwünschen von einer Schöpfungsmacht, von Gott und wieder zurückgeben durch Dank, Preis, vielleicht auch durch das Segnen seiner Schöpfung.

Segen ist auch *Übertragung* einer heilschaffenden Kraft vom Menschen an andere Menschen, an die Kreatur, an Dinge, an die Schöpfung. Dialogisch und gebündelt sind die Segensrichtungen, und es ergibt sich ein wunderbares Segens-Zeichen, das in mehreren Religionen hochgeschätzt ist:

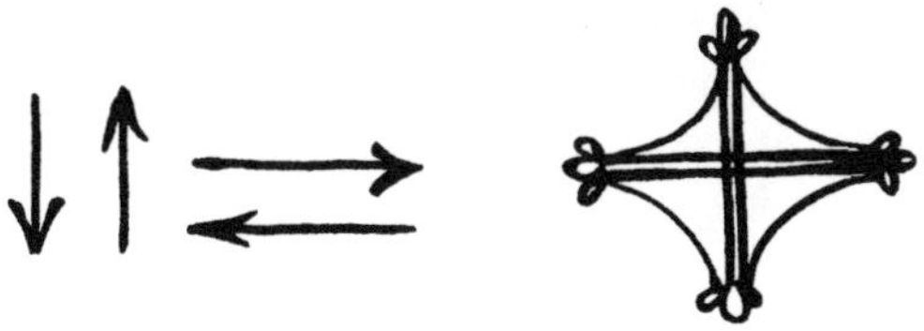

In Orthodoxen Kirchen wird Segen erfleht, der dann direkt an die Segen–Empfangenden fließt. Ebenso kennen wir, nicht nur im öffentlichen liturgischen Vollzug die „Gesegneten", die selbst zum Segen werden und Segen verströmen. Segen ist fließend, er muß hin und herströmen, oder er trocknet aus (Schmeisser 1996, S. 28). So gesehen, kann Qi, die Lebens-Energie, durch ihr fließendes Element Segen sein, heilschaffend. QiGong-Übungen im Sinne von Tugend sind konkrete „Segensinstrumente". Viriditas, die Grünkraft ist ebenso wie Qi eine in der Schöpfung innewohnende und wirkende Segenskraft.

Das ist einerseits die wurzelgründige Sehnsucht nach Segen und andererseits die Scheu vor dem nicht Faßbaren und dem nicht Zwingbaren des Segens. Ich kann nicht garantieren, daß mein Segen, in lauterer Absicht erfleht, gegeben, sich (so) verwirklicht. Steffensky spricht auch beim Segen von Gewaltlosigkeit, das Leben nicht herbeizwingen wollen. Im *Segen* ist verdichtet: „... empfangen, was man nicht erarbeitet hat, spenden was man nicht hat" (Steffensky, in Schmeisser 1996, S. 15). Segen ist auch die Annahme des nicht selbst Gemachten. Nicht alles ist machbar und dennoch geschieht es.
Der *gesegnete Mensch*, die Gesegnete, der Gesegnete „erlaubt sich den Sturz in das Versprechen ... einmal nicht zweifeln zu müssen ... Es ist schwer, ein Unverdientes ... anzunehmen ..., ich stürze in den Abgrund des Schoßes Gottes" (Steffensky in Schmeisser 1996, S. 12f).
Der *Mensch,* der *segnet*, die Segnende, der Segnende, „er spielt ein Spiel ... dessen Ausgang er nicht garantiert" (Steffensky in Schmeisser 1996, S. 13), und dessen Wirkung unsicher ist. Sie verschenken etwas, das sie nicht haben – oder ist es die Güte ihres Herzens? Sie geben Gott als Versprechen. Auch die Segnenden lassen sich fallen, in das Segnen, als etwas, das größer ist als sie·· Ihre innere Zuwendung ist wichtig, damit es keine leeren, gottlosen Versprechungen werden.
„Keine Segensgabe ohne Segens-Aufgabe ...denn wer selber den Segen empfangen hat, ist dadurch auch dazu beauftragt, selber zu segnen... Jeder Segen ruft zur Liebe und zum Segnen auf" (Lapide in Schmeisser 1996, S. 134).
Jede und Jeder kann Gesegneter und Segnender sein. Ein Beispiel aus der Frömmigkeit der Hindu: „Wenn ein Kind vom Tempel zur Familie zurückkehrt, ist es befähigt, den eigenen Eltern den Segen des Tempels zu spenden, indem es ihnen mit dem roten Staub aus des Priesters Hand einen Punkt auf die Stirn zeichnet. Auf diese Weise können sich die hierarchischen Verhältnisse der Gesellschaft den geistigen Gegebenheiten anpassen" (Kämpchen 1997, S. 198).

Schöpfung als Segen:
„Als Gott die Welt schuf, heißt es bei Hildegard, brauchte er nichts weiteres dazu; denn schon in seinem Wollen war der ganze Weltstoff vorhanden." Diese „Schöpfung aus dem Nichts" besagt, daß es neben Gott kein zweites Prinzip gibt, und daß er aus freiem Willen schuf; nichts nötigte oder zwang ihn. Was aber bewegte ihn dann dazu? Laut Hildegard war die Liebe im Anfang der Urgrund dieser Schöpfung, da Gott sprach: „Es werde. Und es ward." Zum Wesen der Liebe aber gehört es, daß sie nicht selbstgenügsam in sich verschlossen bleibt, sondern sich zu einem Du und einem Wir in Beziehung setzt. Solchermaßen wird die schöpferische Liebe Gottes zum

Ursprung für anderes. Alles materielle und geistige Leben, die sichtbare und die unsichtbare Welt, haben darin ihre Wurzel
(Lautenschläger 1995, S. 77).

Wenn auch der Begriff Segen nicht direkt genannt wird, so können wir ihn fast aus jedem Wort heraus-träufelnd spüren. Wenn wir die drei Entwicklungsbereiche aus Punkt III, 4.2. aufnehmen, sehen wir Segen „eingestiftet" und auch not-wendend im homo-creatura constitutus, destitutus und restitutus. Die Schöpfung als Ausdruck Gottes „nach außen" und „durch das Wort das ‚Logos' ins Dasein gerufen, führt Hildegard aus" (Lautenschläger 1995, S. 79) entsteht Wort – Ant-Wort – Ver-Antwortung. Bei Hildegard wird in ihrer Schöpfungsgeschichte der 7. Tag der Ruhe, der Vollendung, der Vergebung gesehen. Der Mensch ahmt die „innere Segnung Gottes nach ..." er wird selbst zum Segen für die Welt (Lautenschläger 1995, S. 95). Und der Mensch braucht die Heilkraft des Segens, um die Schöpfung weiter schaffen zu können.
Als Segen der Schöpfung meint Gerhard Voss den Segen, den Gott seiner Schöpfung eingestiftet hat *und* den Segen, den wir Menschen auf die Schöpfung herabrufen, erbitten (Voss 1995, S. 1) und selbst zum Segen werden. Es ist sicherlich ein Defizit, wenn die natürlichen Elemente wenig als Segnungsträger oder Segnungs-Empfänger einbezogen werden.
Wir nehmen den Morgen, den Abend oder eine andere Tageszeit, um inne zu halten, zu meditieren, beten, selten jedoch segnen wir die Zeit, den Morgen mit seinem Rosenduft (mystische Rose als Segen im Islam), den Abend mit dem Hauch der Nachtfalter. „Es ist typisch für die Segenspraxis der abendländischen Kirche, daß die Dimension der Schöpfung zurücktrat gegenüber der Heilsgeschichte. Die Zeit segnen, würde jedoch bedeuten, die kosmische Zeit in Heilsgeschichte zu verwandeln, sie gerade so aber wirklich ernst zu nehmen mit allem, was sie bringt, Freude und Leid, Leben und Tod. Gesegnete Zeit als Heilsgeschichte meint Zeit als Angebot Gottes, als Chance, damit zugleich aber auch als zu verantwortendes Angebot. ... Gesegnete Zeit kann ich getrost in Gottes Hand zurückgeben, d.h. wer die Zeit segnet, wird fähig, auch das Zeitliche zu segnen (Voss 1995, S. 4f).
Hildegard von Bingen betont die Leiblichkeit des Menschen in wunderbarer Weise. Wenn der Mensch ein Segen ist, Gesegneter und Segnender, dann kann er gar nicht anders, als mit all seinen Sinnen Segen zu erflehen und Segen ausstreuen. Durch die Segensgebärden, Segensrituale, können wir dem Segen eine fühlbare, hand-greifliche, schauende Form geben, eine bewegende oder ruhende Gestalt. Die Dynamik des Kreuz–Zeichens, das Brot segnen und teilen, das Wasser, den Wein schmecken, die Kräuter mit ihrer zuströmenden Heilkraft, z.B. Kräuterweihe am 15. August, unsere luftigen und schweren Gedanken aus-segnen, die Hand auflegen mit sanfter Ener-

gie, einen Tanz verwirbeln. Interessanterweise entdeckten wir im QiGong, im Ursprung einer anderen Religion zugehörig, viele Bewegungen, die Segensgebärden unserer Kultur gleichen, die im QiGong inniger bewegt werden als in unserer christlichen Religion. Wenn wir beim „Hand auflegen" die realen Energiezentren der östlichen Kultur begreifen, wissen wir wieviel Qi, Lebensenergie heilsam fließen kann. Sie nennen es nicht Segen, jedoch ist es aus unserer Sichtweise Segen.

„Segnen heißt, das Geschaffene zu seiner Ursprünglichkeit zu befreien, heil zu machen, seine heilende Kraft zu entdecken" (Voss 1995, S. 10) – Mit dem Schöpfungs-Segen wird dem Menschen Kraft verliehen, verantwortet, schützend mit der Schöpfung umzugehen. Segnen bedeutet auch, achtsam sein. Ehe wir die Heilkräuter segnen, segnen lassen, können wir sie betrachten, behutsam pflücken, ihre Heilkraft ergründen, ihre Schönheit und Funktionalität bewundern. Segen enthält auch Wissen um unsere kreatürlichen Dinge; Wissen als ein von innen her schauen und hin getanzt zur Schwester Weisheit.

8.2. Segens-Auge

Tanz und QiGong-Übung aus dreifache Gestalt

Tanz für Maria-Regina Zohner,
entwickelt und aufgezeichnet von Hilda-Maria Lander, inspiriert durch eine QiGong-Form „Die dreifache Gestalt, 3. Teil", mündlich überliefert von Prof. Cong, China und angeregt durch ein gemaltes „Marterl", das mitten in den Fluren steht in der Nähe von Altdorf b. Nürnberg.

Musik:
jedes langsame bis mittlere Tempo, z.B. Der kleine Zitronenbaum, 2.25 aus Epirus, auf CD: Michalis Terzis, Nostimon Imer, EUCD 1076

Aufstellung:
im Kreis, ohne Fassung; Ausgangshaltung: Füße schulterbreit, Hände vor dem Dantian (ca. 3 cm unterhalb des Bauchnabels); Daumen- und Zeigefingerkuppen bilden ein Dreieck.

TANZ
Takt-Teile

1–4	Hände aus der Körpermitte langsam seitlich auseinander ziehen, Handinnenflächen schauen nach hinten, ↶ ↷ dabei 4 Schritte rückwärts gehen, mit dem rechten Fuß beginnen; ↓

5–8 auf dem Platz treten, 4 Schritte, Hände langsam drehen, so daß am Ende Handinnenflächen nach vorn schauen; die Drehung beginnt mit dem kleinen Finger, dann Finger um Finger.

9–16 in dieser Handhaltung rechter Fuß zur Seite, linker Fuß kreuzt vor dem rechten Fuß, insgesamt 4 ×, dabei den Kreis wieder zur Ausgangskreislinie verengen,

17–20 vier kleine Schritte am Platz gehen, dabei Hände seitlich hochheben; sie treffen sich überm Kopf, Fingerkuppen berühren sich.

21–24 vier kleine Schritte am Platz, dabei die aneinander gelegten Hände langsam vor dem Gesicht und Körper nach unten führen zur Ausgangsstellung im Dantian.

Von vorne

Die Wirkung des Tanzes:
ist intensiver, wenn vorher oder als Zwischen-Vertiefungs-Übung nur die Handbewegungen, ruhig und sanft-kräftig eingeübt und vertieft werden, im Stehen oder Sitzen. Dabei die Aufmerksamkeit auf die Bewegungsführung richten, um den Geist einzusammeln und durch Bewegung zur Ruhe zu kommen.

Die Energie, die Kraft, die Segensmitte und der Segensfluß entstehen aus der Ruhe, die dann in zentrierter Bewegung übergeht und am Ende sich zur Ruhe sammelt.

Wenn die Bewegungsformen ins Bewegungsgedächtnis übergegangen sind und „von alleine gehen“, können auch Vorstellungen, innere Bilder die Bewegungen und den Tanz leiten. Vorstellungen, die aus dem Tanz entnommen werden können: Der Tanz ist eine Verbindung von Schöpfungs-Segen und Person-Segen, von gesegnet sein und selbst segnen. Die Segens-Merkmale gehen von unten nach oben, von oben nach unten, von der Mitte zu den Seiten, von Horizont zu Horizont; aus der Sammlung der Ruhe, Körpermitte und Hand-

Mitte. Segen schenken, aus-strahlen, auf-nehmen, hinaufheben und heranwünschen, heranholen, wieder zentrieren. Segen ist fließend, eine heilschaffende Kraft; ihre Wirkung liegt im Fließen, nicht im Festhalten.
Im Auge des Sturmes ist es ruhig – die Meterologen weisen es nach
Im Auge des Segens ist füllige Ruhe – wir können es leben
Das Auge, das Zentrum des Segens ist heiliger und heilender Ort.

Original-QiGong-Übung:
– mündliche Überlieferung durch Prof. Cong, China

Einstimmung – wichtig:
Füße stehen parallel schulterbreit, leicht im Knie gebeugt, Hände übereinander aufs Dantian (ca. 3 cm unterhalb des Bauchnabels) legen, sich sammeln, zur Ruhe kommen, in das Haus des Qi, der Segens-Energie eintreten.

QiGong-Bewegung:
Dreifache Gestalt, 3. Teil:
„Dantian öffnen, d.h. die Hände vor dem Bauch auseinanderziehen (innere Vorstellung: Tigermaul), die Handinnenflächen zeigen dabei nach hinten. Danach Finger für Finger die Handflächen nach vorne drehen, mit dem kleinen Finger beginnen. Einen riesigen Ball abstreifen und dabei die Arme bis in Stirnhöhe nach oben führen. Die Arme senken, dabei zeigen die Handinnenflächen zum Körper und vor Dantian nochmals einen kleinen Kreis zum Körper hin beschreiben."

Abschluß: wie Einstimmung, in der Vorstellung aus dem Haus der Energie, des Qi wieder hinaustreten und in die „Welt" gehen.

Vorstellungen: die in die QiGong-Übung einfließen können; sie sind teilweise nachformuliert, teilweise entnommen: Jiao 1993 (S. 166, 96).

In der Ruhe ist Bewegung
in der Bewegung
strebt man nach Ruhe

Bei dem Philosophen Wang Chuanshan (1619–1692) heißt es: „Bewegung kommt zur Ruhe, Ruhe kehrt zur Bewegung zurück. In der Ruhe ist Bewegung vorhanden, Bewegung trennt sich nicht von Ruhe."

Im Steigen ist Sinken,
im Sinken Steigen

Das Steigen geht mit einem Sinken einher, um ein übermäßiges Steigen zu verhindern. In der sinkenden ist eine steigende Bewegung vorhanden, um so ein übermäßiges Sinken zu verhindern.

Das Sinken geschieht um des Steigens willen
aus dem Talmud, hebr.

8.3. Du bist gesegnet – ein Segen bist Du

Weg-Segen, Segenslied, Gebet und Gebärden

Segensgebet aus dem 4. Jahrhundert: Textquelle unbekannt
Musik: W. Fürlinger, nähere Quell-Angaben unbekannt
Text und Lied zusammenhängend am Ende dieser Gebärden-Beschreibung.

Gebärden
entfaltet, entwickelt, aufgezeichnet von Hilda-Maria Lander orientiert an QiGong-Formen und am Text-Inhalt

Im Sitzen und Stehen möglich.
Wenn nichts anderes angegeben, gilt der Parallel-Stand

Kanon
zu Beginn und am Ende

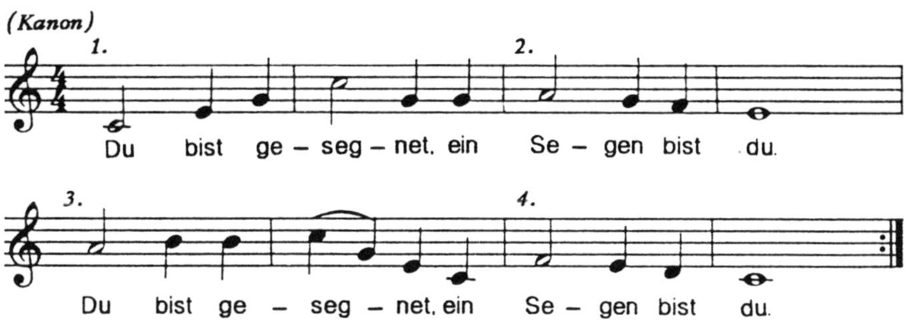

Du bist gesegnet,

– Arme hängen seitlich nach unten, Handinnenflächen nach vorne richten, beide Arme nach vorne oben bewegen, über den Kopf, zu den Schultern absenken; Fingerspitzen „stehen“ auf den Schultern

ein Segen bist Du.

– Drehen der Hände, Handinnenflächen nach vorne, Hände und Arme nach vorne unten langsam absenken; am Ende schauen Handinnenflächen nach hinten.

Beide Bewegungen wiederholen bis Kanon zu Ende.

Segen als Dialog

1. – Gewicht auf dem linken Fuß, den rechten Fuß auf der Ferse im Uhrzeigersinn ↷ drehen;
   – linke Hand geht langsam nach unten zur linken Seite, rechte Hand streckt sich nach rechts vorwärts über den rechten Fuß, dabei wird der Zeigefinger halb gekrümmt, ebenso der Daumen (Tigermaul im Qigong);
   – Gewichtsverlagerung langsam auf rechten Fuß, dabei etwas in die Knie gehen; der rechte Fuß wird zu ca. 2/3 belastet; Blickrichtung ⤻ entsprechend dem rechten Zeigefinger.

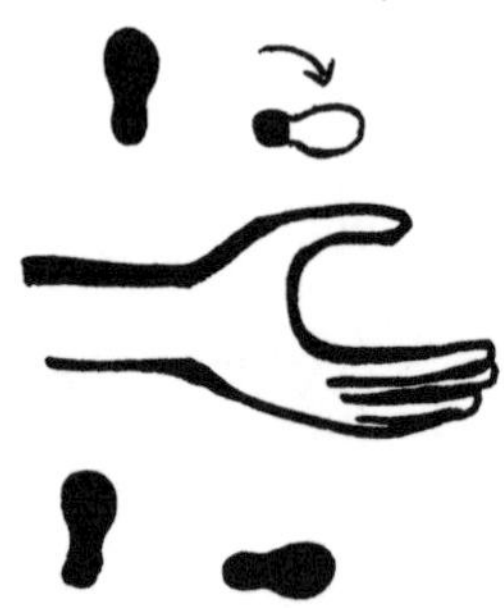

2. – Gewicht zurück auf linken Fuß, rechter Fuß wieder zum Parallelstand drehen, Gewicht ist gleichmäßig auf beide Füße verteilt;

– Hände und Arme bilden auf Brusthöhe einen Kreis, Fingerspitzen zueinander gewandt, ohne sich zu berühren; Stellung ist wie „Baum umarmen“;
– Rumpfdrehung nach links ↶ dabei wird der Armkreis „automatisch“ nach links gedreht, ohne daß sich die Arme selbst aktiv bewegen;
– Rumpfdrehung nach rechts ↷ ; am Ende wieder Ausgangsstellung

3\. – Mit dem linken Fuß einen Schritt rückwärts zurück ↓ , mit Gewichtsverlagerung, rechter Fuß bleibt vorne stehen mit wenig Gewicht;
– Hände heben sich auf Schulterhöhe, Fingerspitzen nach oben, Handinnenfläche zum Körper;

– auf dieser Höhe werden die Hände zurück zu den Ohren „gezogen“, Handinnenflächen schauen nach hinten;
– Gewicht wieder nach vorne auf rechten Fuß, linker Fuß stellt sich neben dem rechten Fuß im Parallelstand.

4. – Hände seitlich ausbreiten (= Kranichflügel), Arme leicht angewinkelt, Handinnenflächen nach unten;
   – etwas in die Knie gehen, Arme nach unten bewegen, evtl. Rumpf nach vorne beugen, so daß Arme bis fast auf den Boden kommen; es geht jedoch auch ohne Rumpfbeugung, so daß die Arme nur leicht nach unten bewegt werden;
   – Hände zueinander bewegen, Fingerspitzen zueinander wenden, ohne sich zu berühren, Handinnenflächen schauen nach oben;
   – sich aufrichten, Arme gehen bis zur Brusthöhe, als ob sie etwas nach oben tragen.

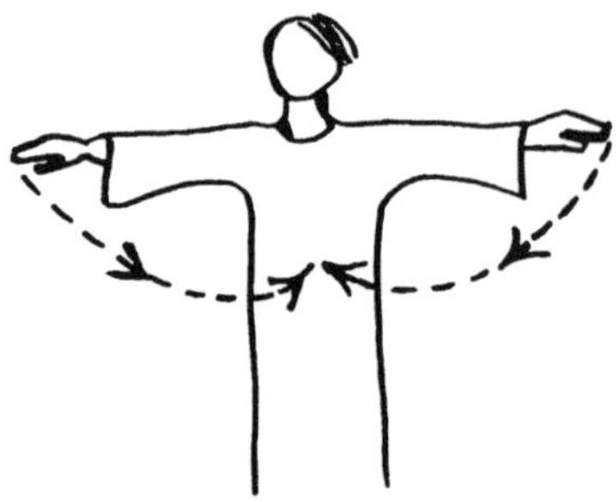

5. – beide Hände zueinander wenden, sie berühren sich am Handballen, linke Hand Fingerspitzen nach oben, rechte Hand nach rechts abgewinkelt, so daß die Fingerspitzen ungefähr nach rechts schauen; diese Handhaltung ist auf Brusthöhe, ca. 30–50 cm vor dem Körper;

- Hände in dieser Haltung zum Körper heranziehen, der Kopf neigt sich schräg nach rechts und „legt“ sich in die rechte Hand hinein, ohne sie zu berühren;
- in dieser Hand-Kopf-Haltung Gewicht auf linken Fuß verlagern, dabei linke Hüfte leicht nach links neigen.

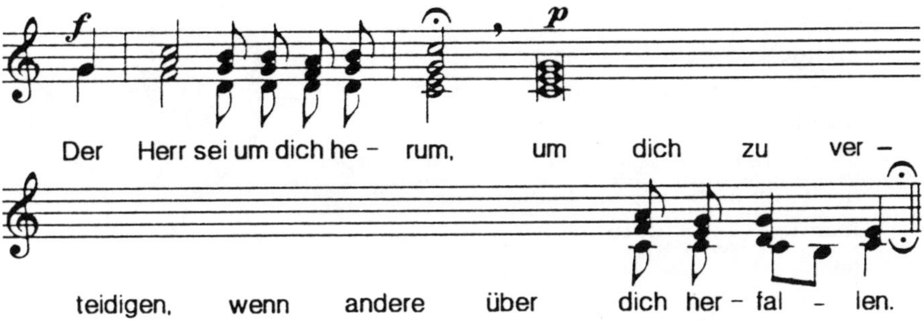

6. – Die vorherige Handhaltung ausfalten, d.h. linke Hand nach oben strecken, rechte Hand streckt sich nach rechts aus, dabei Handinnenfläche nach oben;
   – in dieser Handhaltung sich gegen den Uhrzeigersinn ↺ drehen am Platz, eine Ganzdrehung bis zum Ausgangsplatz.

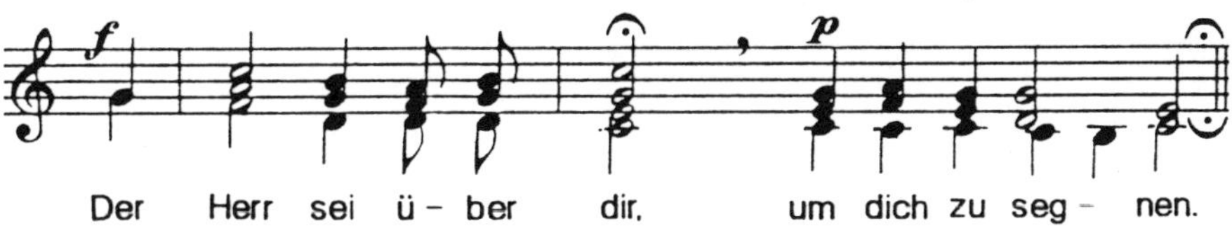

7. – Beide Hände seitlich ausbreiten, die Handinnenflächen nach unten, dann die Hände drehen, so daß die Handinnenflächen nach oben schauen;
   – Hände und Arme langsam nach oben heben, über den Kopf hinaus bis sich die Fingerspitzen über dem Kopf treffen und ein Dach bilden (Segensdach).

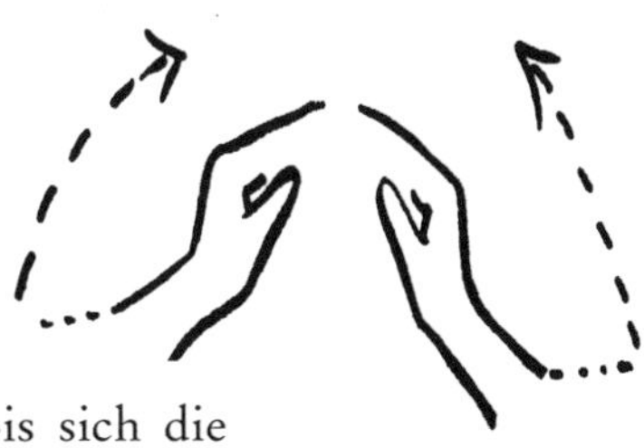

8. – Dach-Hände nach unten senken, bis sie fast den Kopf berühren;
   – Hände vor dem Gesicht zu einer Säule bewegen, Handinnenflächen zueinander gewandt;
   – diese Hand-Energie-Säule vor dem Körper nach unten bewegen; Hände kurz auf das Dantian (3 cm unterhalb des Bauchnabels) legen;
   – Hände seitlich hängen lassen, Handinnenflächen nach vorne drehen, wie zu Beginn des Kanons.

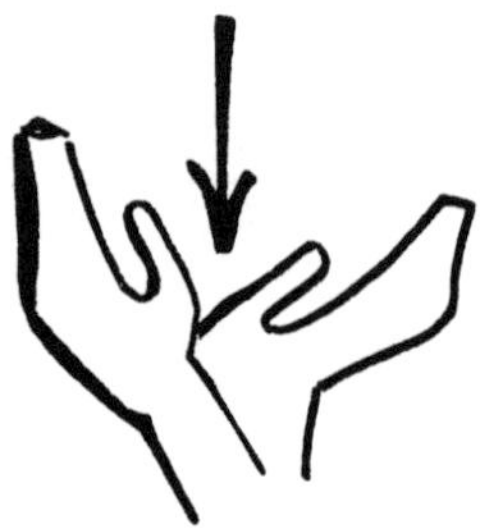

Am Ende den Kanon wiederholen; zum Abschluß die Hände zur Lotosblüte formen, die dann ‚ausgegossen' wird.

Segensgebet aus dem 4. Jahrhundert

Der Herr sei un – ter dir, um dich aufzufangen
wenn du fällst, und dich aus der Schlin – ge zu zie – hen.
Der Herr sei in dir, um dich
zu trösten, wenn du trau – rig bist.
Der Herr sei um dich he – rum, um dich zu ver –
teidigen, wenn andere über dich her – fal – len.
Der Herr sei ü – ber dir, um dich zu seg – nen.
So seg – ne dich der gü – ti – ge Gott.

8.4. Lassen

Mit diesem Weg-Segen, dieser Weg-Bitte möchten wir den Weg mit Hildegard von Bingen und der Begleitung der sinnenhaften Bewegung mit Tanz, QiGong-Übungen, Bild, Meditation in das Haus der Weisheit einmünden lassen.
Wir segnen die Zeit, ihre Zeit, unsere Zeit, die unendliche Zeit, das Zeitlose, das Zeitliche.

Literatur

Evangelisches Gesangbuch für Gottesdienst, Gebet, Glaube, Leben Hg. Evang.-Luth. Kirche in Bayern, Verlag: Evang. Presseverband für Bayern e.V., München

Forstner, Dorothea, Die Welt der christlichen Symbole, Tyrolia Verlag, Innsbruck 1977

Herder Lexikon, Symbole, Herder Verlag, Freiburg/Br. [3]1978

Jiao, Guorui, QiGong Yangsheng, Ein Lehrgedicht, MLV, Uelzen, 1993

Lautenschläger, Gabriele, Die schöpfungstheologische Bedeutung der ‚Grünkraft' im Werk Hildegard von Bingen, Artikel in: Die beiden Türme, Niederalteicher Rundbrief, Nr. 68, 2/1995. Zitate der Zitate: 4) CaCu 49 = PK 1, und 5) Ep. 140 f. = Sp 193 A–C

Kämpchen, Martin, Können Werkzeuge Menschen segnen? Wie der Hindu sein Leben durch Kosmosfrömmigkeit heiligt in: Christ in der Gegenwart, Nr. 24 v. 15.6.1997

Matthes, Caitlin, Keltische Segenssprüche, Uranios, Mini-Bibliothek, Urania-Verlag, Neuhausen/Rheinfall 1996

Schmeisser, Martin (Hg.), Gesegneter Tag, Ein spiritueller Begleiter, Eschbach-Verlag, Eschbach 1996

Vries, De, S. Ph. Jüdische Riten und Symbole, Fourier Verlag, Wiesbaden 1981

Voss, Gerhard, OSB, Gott preisen und bitten für seine Schöpfung, Manuskript zum Vortrag bei einer Tagung mit dem Thema „Segen der Schöpfung", v. 28.7.–5.8.1995, in Abtei Niederalteich, Ökumen. Institut

Die Dinge segnen – Gott zur Ehre, den Menschen zum Heil, Arbeitshilfe für Weihe- und Segenshandlungen der Arbeitsgemeinschaft christl. Kirchen in Bayern, Prälat-Zistl-Str. 8, 80331 München, o. Datum

(Vergessene) Bräuche im Alltag der Christen, Vorwort: Kirchhoff, Hermann, ohne Jahreszahl, ohne Erscheinungsort, ohne Autor-Angabe

Anhang

Tänze in der Übersicht:		*Kapitel*
1.	Jakobs Leiter	II.3.
2.	Bären-Geist (einfache Form)	II.5.
3.	Das Tor zum Weinberg	II.6.
4.	Lebensrad mit Tiger – Kosmos-Mensch mit Rad und Bruder Tiger	III.2.4.
5.	Sveti Ana	III.3.3.(1)
6.	Himmelbrunnen (als Tanz) – fließende Grünkraft des Kosmos	III.3.3. (2)
7.	Creatura – vom Paradies zum Paradies	III.4.3.
8.	Kosmos-Perle – den Kosmos ausschreiten und die Perle der Weisheit drehen	III.6.3.
9.	Bären-Geist – Begegnung und Angst, wilder Bär und wilde Hilde	III.7.4.
10.	Segens-Auge	III.8.2.

Weitere Tänze, die in diesem Buch nicht beschrieben, jedoch für die Thematik gut geeignet sind (in Büchern von Lander/Zohner):

1.	Segen – (auch als QiGong-Gebärde)	*Lehrerlebnis Tanz*
2.	Kreisender Lotos	"
3.	Halleluja	"
4.	Sachaki	"
5.	Od Yishama	*Trauer und Abschied*
6.	Suche	"
7.	Tanze den Tanz des Feuers	"
8.	Schatten färben sich zu Adlers Schwingen	*Bewegung und Tanz*
9.	Regenschrei, neue Musik dazu: Kecha Majjo, auf CD: Syrah meets Ubar, Art Forland, BFM 87 4024-2	"
10.	Hadorchim Bagat	"
11.	Lebensbaum	"
12.	Adoramus Te	*Meditatives Tanzen*
13.	Biserke	"
14.	Bitt-Weg	"
15.	Tanz des Mondes	"

16.	Sonnenstrahlentanz	"
17.	Wüstenbaum	"
18.	Omonja	*Tanzen will ich*
19.	Acht Stern	"

QiGong-Übungen und Qigong-Gebärden in der Übersicht:		*Kapitel*
1.	Orante – Rhythmus zwischen Erde und Himmel	II.4.
2.	Ursprüngliches Licht	III.1.4.
3.	Handherz und Himmelsgrenze – Kosmos-Mensch in der Poetik der Bewegung	III.2.3.
4.	Himmelsbrunnen - Segensgebärde (als QiGong)	III.3.3.(2)
5.	Tigermaul und Kranichflügel	III.4.3.
6.	Kranich und lächelnder Drache im Himmelskreislauf	III.5.4.
7.	Lächeln im Auge des Sturmes – kleine Meditation	III.5.3.
8.	Das Lebensrad drehen – das Tor der Vitalität umkreisen	III.6.2.
9.	Der große Bär – sanft mit blitzenden Augen	III.7.3.
10.	Stehen wie eine Kiefer – Grünkraft voll Sonne und Tau	III.7.5.
11.	Du bist gesegnet – ein Segen bist du	III.8.3.

Weitere QiGong-Übungen, Gebärden und Meditation, die in diesem Buch nicht beschrieben, jedoch für die Thematik geeignet sind (in Büchern von Lander/Zohner):

1.	Segen – ein Morgen voller Rosenduft (auch als Tanz)	*Lehrerlebnis Tanz*
2.	Lotoshand – Auslesehand	"
3.	Bewegungsheilkunst, Übungen aus QiGong, TaiChi (über 20 Übungen)	*Bewegung und Tanz*
4.	Bewegungsmeditation: Bitte und Dank, Klage und Lob	*Meditatives Tanzen*
5.	Symballein	"
6.	Kyrie eleison	"
7.	Getanzte Lebenswege	*Tanzen will ich*

Literaturübersicht

I
Biografische Darstellungen Hildegards von Bingen und unterschiedliche Themenschwerpunkte zu Hildegard von Bingen

Betz, Otto, Hildegard von Bingen. Gestalt und Werk. Mit einem Beitrag von Felicitas Betz, Kösel Verlag, München 1996

Feldmann, Christian, Hildegard von Bingen. Nonne und Genie, Verlag Herder, Freiburg 1997

Forster, Äbtissin Edeltraud und Konvent der Benediktinerinnenabtei St. Hildegard in Eibingen (Hrsg.), Hildegard von Bingen – Prophetin durch die Zeiten. Zum 900. Geburtstag, Verlag Herder, Freiburg 1997

Führkötter, Adelgundis (Hrsg.), Kosmos und Mensch aus der Sicht Hildegards von Bingen, Verlag der Gesellschaft für mittelalterliche Kirchengeschichte, Mainz 1987

Gronau, Eduard, Hildegard von Bingen. Prophetische Lehrerin der Kirche an der Schwelle und am Ende der Neuzeit, Christiana Verlag, Stein am Rhein ²1992

Kerner, Charlotte, Alle Schönheit des Himmels. Die Lebensgeschichte der Hildegard von Bingen, Beltz-Verlag, Weinheim ⁴1995

Lautenschläger, Gabriele, Hildegard von Bingen. Die theologische Grundlegung ihrer Ethik und Spiritualität, Frommann-Holzboog Verlag, Stuttgart 1993

Newman, Barbara, Hildegard von Bingen. Schwester der Weisheit, Verlag Herder, Freiburg 1995

Rath, Philippa, Hildegard von Bingen. Wirkungsstätten – Ein kleiner Führer, Verlag Schnell und Steiner, Regensburg 1996

Riedel, Ingrid, Hildegard von Bingen. Prophetin der kosmischen Weisheit, Kreuz Verlag, Stuttgart 1994

Schäfer, Thomas, Visionen. Leben, Werk und Musik der Hildegard von Bingen. Buch mit Musik-CD verschiedener Lieder von Hildegard von Bingen, Droemer Knaur, München 1996

Schipperges, Heinrich, Hildegard von Bingen. Ein Zeichen für unsere Zeit, Verlag Josef Knecht, Frankfurt 1981

Schipperges, Heinrich, Die Welt der Hildegard von Bingen, Verlag Herder, Freiburg 1997

Schipperges, Heinrich, Hildegard von Bingen, Verlag C.H. Beck, München 1995

Schipperges, Heinrich, Die Welt der Engel bei Hildegard von Bingen, Verlag Herder, Freiburg 1995

Sudbrack, Josef, Hildegard von Bingen. Schau der kosmischen Ganzheit, Echter Verlag, Würzburg 1995

Termolen, Rosel, Hildegard von Bingen. Biographie, Pattloch Verlag, Augsburg 1997

Ulrich, Ingeborg, Hildegard von Bingen. Mystikerin, Heilerin, Gefährtin der Engel, Knaur Taschenbuch, München 1995

II
Werke von Hildegard von Bingen in Übersetzungen, Kommentierungen, Zitat-Sammlungen

Berschin, Walter/Schipperges, Heinrich (Hrsg.), Hildegard von Bingen – Symphonia. Gedichte und Gesänge, Lambert Schneider Verlag, Gerlingen 1995

Bonn, Cäcilia, Im Herzen der Schöpfung. Meditationen zu Miniaturen aus den Werken von Hildegard von Bingen, Pattloch Verlag, Augsburg 1997

Hildegard von Bingen, Wisse die Wege. Übersetzt und bearbeitet von Maura Böckler, Otto Müller Verlag, Salzburg [8]1987
Hildegard von Bingen, Scivias – Wisse die Wege. Eine Schau von Gott und Mensch in Schöpfung und Zeit, Übersetzt und hrsg. von Walburga Storch, Verlag Herder, Freiburg 1992
Hildegard von Bingen, Heilwissen – causae et curae. Von den Ursachen und der Behandlung von Krankheiten nach Hildegard von Bingen. Übersetzt und hrsg. von Manfred Pawlik, Pattloch Verlag, Augsburg [2]1990/ Taschenbuchausgabe: Verlag Herder, Freiburg 1993
Hildegard von Bingen, Heilkraft der Natur – Physica. Rezepte und Ratschläge für ein gesundes Leben. Übersetzt und hrsg. von Marie-Louise Portmann, Pattloch Verlag, Augsburg 1991; Taschenbuchausgabe: Verlag Herder, Freiburg 1993
Hildegard von Bingen, Heilkunde. Das Buch von dem Grund und Wesen und der Heilung von Krankheiten, Nach Quellen übersetzt und erläutert von Heinrich Schipperges, Otto Müller Verlag, Salzburg [6]1992
Hildegard von Bingen, Der Mensch in der Verantwortung. Das Buch der Lebensverdienste – Liber Vitae Meritorum. Nach Quellen übersetzt und erläutert von Heinrich Schipperges, Verlag Herder, Freiburg 1994
Hildegard von Bingen, Ordo virtutum – Spiel der Kräfte. Das Schau-Spiel vom Tanz der göttlichen Kräfte und der Sehnsucht des Menschen, hrsg. von Bernward Konermann, Pattloch Verlag, Augsburg 1991
Hildegard von Bingen, Das Buch von den Fischen. Nach den Quellen übersetzt und erläutert von Peter Riehte, Otto Müller Verlag, Salzburg 1991
Hildegard von Bingen, Naturkunde. Das Buch von dem inneren Wesen der verschiedenen Naturen in der Schöpfung. Nach den Quellen übersetzt und erläutert von Peter Riehte, Otto Müller Verlag, Salzburg [4]1989
Hildegard von Bingen, „Nun höre und lerne, damit du errötest…". Briefwechsel, nach den ältesten Handschriften übersetzt und nach den Quellen erläutert von Adelgundis Führkötter, Verlag Herder, Freiburg 1997
Hildegard von Bingen, Worte lebendigen Lichts, hrsg. von Otto Betz, Verlag Herder, Freiburg 1996
Schipperges, Heinrich, Hildegard von Bingen – Im Licht der Jahreszeiten, Textauswahl und Kommentierung Wulf Ligges, Bilder zu den Monaten, Tyrolia Verlag, Innsbruck 1993
Sölle, Dorothee (Hrsg.), O Grün des Finger Gottes, Meditationen von Hildegard von Bingen, Textredaktion Martina Tauschke, Peter Hammer Verlag, Wuppertal 1989

III
Heilkunde – Heil-Mittel – Ernährungslehre. Handbücher für die Alltagspraxis

Breindl, Ellen, Heilige Hildegard – Das große Gesundheitsbuch. Ratschläge und Rezepte für ein gesundes Leben nach der heiligen Hildegard von Bingen, Pattloch Verlag, Augsburg überarbeitete Neuauflage 1992
Heilige Hildegard – Edelkastanien. Koch- und Backbuch, hrsg. von der Basler Hildegardgesellschaft, Econ Taschenbuch Verlag, Düsseldorf 1996
Heilige Hildegard – Dinkelkochbuch. Über 200 erprobte Rezepte, hrsg. von der Basler Hildegardgesellschaft, Econ Taschenbuch Verlag. Düsseldorf [5]1997
Hertzka, Gottfried, Kleine Hildegard-Hausapotheke, Christiana-Verlag, Stein am Rhein 1994
Müller, Irmgard, Die pflanzlichen Heilmittel bei Hildegard von Bingen. Heilwissen aus der Klostermedizin, Verlag Herder, Freiburg 1993
Pukownik, Peter (Hrsg.), Hildegard von Bingen, Heilfasten. Gesundheit für Körper und Seele, Pattloch Verlag, Augsburg 1992
Pukownik, Peter, Hildegard – Almanach der Jahreszeiten. Rezepte, Brauchtum, Lebensweise, Kräuterkunde, Naturheilmittel, Kalendarium, Pattloch Verlag, Augsburg 1994
Pukownik, Peter, Heilige Hildegard – Migräne und Kopfschmerz ganzheitlich behandeln, Pattloch Verlag, Augsburg 1997

Schiller, Reinhard, Hildegard Ernährungslehre. Grundlagen einer ausgewogenen Ernährung im Einklang mit der Natur. Ratschläge und Tips für ein gesundes Leben, Pattloch Verlag, Augsburg 1996

Schiller, Reinhard, Hildegard Atlas der Edelsteine und Metalle. Von Wirkung und Nutzen der Edelsteine und Metalle für die Gesundheit nach der Heiligen Hildegard von Bingen, Pattloch Verlag, Augsburg 1996

Schiller, Reinhard, Hildegard Medizin Praxis. Rezepte für ein gesundes Leben. Heilmittel im Einklang mit der Umwelt. Wahrung der ursprünglichen Lebenskraft. Ratschläge für die Selbstbehandlung, Pattloch Verlag, Augsburg 1993

Schipperges, Heinrich, Geheimnisvoller Edelstein. Symbol der Heilkraft bei Hildegard von Bingen, Verlag Herder, Freiburg 1997

Schulte-Uebbing, Claus, Heilige Hildegard Umweltkrankheiten natürlich behandeln. Giftstoffe erkennen und vermeiden, Pattloch Verlag, Augsburg 1995

Schulte-Uebbing, Claus/Berkmüller, Alfons, Heilige Hildegard Krebs. Körper und Seele ganzheitlich behandeln, Pattloch Verlag, Augsburg 1997

Strehlow, Wighard, Wie Hildegard-Medizin vorbeugt und heilt. Die Praxis für ein gesundes Leben, Verlag Herder, Freiburg 1997

IV
CD Hildegard von Bingen

CD Hildegard von Bingen – Gesänge und Ekstase. 15 Gesänge mit Ensemble und 1 Instrumentalstück, Sequentia, Ensemble für Musik des Mittelalters, Köln, mit Barbara Thornton 1994

CD Hildegard von Bingen – Gregorianische Gesänge aus Messe und Offizium. 17 Stücke von Schola und Chor der Benediktinerinnenabtei St. Hildegard, Eibingen 1990; Ars Mundi

CD Hildegard von Bingen – Symphoniae. Geistliche Gesänge mit 10 Gesängen und 4 Instrumentalstücken, Sequentia, Ensemble für Musik des Mittelalters, Köln 1989; Edition Classica

CD Hildegard von Bingen – Heavenly Regulations. Hymns, Sequences, Antiphones, Responds. Oxford Cameratas, Jeremy Summerly, 1993/95; Naxos

CD Hildegard von Bingen – Voice of the Blood (Stimme des Blutes). 15 Gesänge/Instrumental, Sequentia, Ensemble für Musik des Mittelalters, Köln 1994; mit Barbara Thornton

CD Hildegard von Bingen – Ordo virtutum. Musik zum „Spiel der Kräfte“, Sequentia, Ensemble für Musik des Mittelalters, Köln 1990

CD Hildegard von Bingen und ihre Zeit. Geistliche Musik des 12. Jahrhunderts, 14 Musik- und Gesangsstücke, davon 9 von Hildegard von Bingen, Ensemble für frühe Musik, Augsburg 1990; Christophorus

CD Vision – The Music of Hildegard von Bingen, mit 18 Gesangs- und Musikstücken mit modernem Sound, Edel-Disco-Musik von Richard Souther 1994/95; Angel

V
Literatur zu QiGong und chinesischer Philosophie, Religion

Bölts, Johann, QiGong – Heilung mit Energie. Eine alte chinesische Gesundheitsmethode, Verlag Herder, Freiburg [2]1994

Bölts, Johann, Das Daoyin-QiGong. Chinesische Übungen zur Pflege der Gesundheit, Carl von Ossietzky Universität, Oldenburg 1993

Bölts, Johann/Belschner, W./Zhang G., Dao Yin Yang Sheng Gong. Qi-Übungen zur Pflege des Lebens, Carl von Ossietzky Universität, Oldenburg 1996

Fan Huan Gong, Praxis der QiGong Heilmethode, Manuskript von der Abteilung für Akupunktur und QiGong des Instituts für Traditionelle Medizin, von Fujian, China, zur Verfügung gestellt von Prof. Cong Yongchun, übersetzt von Dr. Friedrich Dimmling, 1996,

im Auftrag der Deutschen QiGong Gesellschaft e.V., 89165 Dietenheim, Zeughausweg 3/1 (Bezug über diese Adresse)
Jiao, Guorui, Spiel der fünf Tiere.QiGong, Gesundheitsfördernde Übungen der traditionellen chinesischen Medizin, MLV, Uelzen 1992
Jiao, Guorui, QiGong Yangshen. Ein Lehrgedicht, MLV, Uelzen 1993
Jiao, Guorui, QiGong Yangsheng. Gesundheitsfördernde Übungen der traditionellen chinesischen Medizin, MLV, Uelzen 1994
Kaltenmark, Max, Lao-Tzu und der Taoismus, Insel Verlag, Frankfurt 1996
Lao Tse, Tao Te King. Übersetzt von Erwin Rouselle, Insel Verlag, Fankfurt 1995. (Hinweis auf andere Übersetzungen: Jan Ulenbrook, Ullstein Verlag, Berlin [5]1990). Literarisch neu bearbeitet von Wolf Peter Schnetz, Freipresse Verlag, Bludenz 1996
Lao Tse, Tao Te King. Weck nicht den Riesenfisch im Schlaf der Tiefe, Bearbeitet von Wolf Peter Schnetz, Freipresse Verlag, Bludenz 1995
Maciocia, Giovanni, Die Grundlagen der chinesischen Medizin, Übersetzt von A. Höll, Verlag für TCM, Kötzting 1994
Malk, Roman, Das Tao des Himmels. Die religiöse Tradition Chinas, Verlag Herder, Freiburg 1996
Olvedi, Ulli, Das Stille QiGong nach Meister Zhi-Chang Li. Meditative Energiearbeit – Vitalisierung und Harmonisierung der Lebenskräfte nach taoistischer und buddhistischer Tradition, Barth Verlag, Bern/München 1994
Palos, Stephan, Atem und Meditation. Moderne chinesische Atemtherapie, mgv-paperback, 1994
Requena, Yves, QiGong. Das geheime chinesische Übungssystem für Lebenskraft und Langlebigkeit, Goldmann Verlag, München 1992
Schillings, A./Hinterthür P., QiGong. Der fliegende Kranich, Windpferd-Verlag, Aitrang [3]1993
Tschuang-Tse, Dichtung und Weisheit, Übersetzt von H. Stange, Insel Verlag, Frankfurt 1997
Wenzel, Gerhard, QiGong. Quelle der Lebenskraft, Edition Tau, Sauerbrunn 1995
Zeitschrift für QiGong Yansheng, MLV, Uelzen 1996

V
Literatur zu meditativem Tanzen der Autorinnen: Prof. Dr. Hilda-Maria Lander und Sr. Maria-Regina Zohner

Tanzen will ich. Pfeiffer Verlag, München 1983
Meditatives Tanzen. Kreuz Verlag, Stuttgart [7]1997
Bewegung und Tanz – Rhythmus des Lebens, Matthias-Grünewald-Verlag, Mainz [4]1996
Trauer und Abschied – Ritual und Tanz, Matthias-Grünewald-Verlag, Mainz 1992
Lehrerlebnis Tanz – Meditatives Tanzen in Gruppen. Matthias-Grünewald-Verlag, Mainz 1997

Sonstige Literatur
ist den Literaturangaben am Ende der jeweiligen Kapitel zu entnehmen